KB181654

행복충전 50 *Lists*

행복충전 50lists – 날마다 당신의 삶에 행복을 더하는 50가지 방법

초판 1쇄 발행일 2019년 1월 23일

지은이   에드워드 호프만
옮긴이   이현주
펴낸이   이종권
펴낸곳   (주)한솔아카데미
출판등록 1998년 2월 19일 제 16-1608호

주소   서울시 서초구 마방로 10길 25 트윈타워 A동 2002호
전화   02 575 6144
팩스   02 529 1130
기획   장지연
북디자인 이로디자인 김현수
이메일   inup02006@gmail.com

ISBN   979-11-5656-563-5 13320
정가   16,000원

행복충전 50 *Lists*

에드워드 호프만 지음
이현주 옮김

날마다 당신의
삶에 행복을 더하는
50가지 방법

감사의말
다니엘과 소피아에게

다른 사람들의 도움이 없었다면 이 책은 나오지 못했을 것입니다. 열정적으로 이 프로젝트를 이끌어주고 출판사에 소개해준 저의 편집장인 리사 터버(Lisa Tauber)와 이 책이 순조롭게 마무리되도록 도와준 레이첼 하인즈(Rachel Hines)와 던 야나기하라(Dawn Yanagihara)에게 감사의 말을 전하고 싶습니다. 연구 조교인 크리스티나 입(Christina Ip)은 넘치는 에너지로 저에게 큰 힘을 주었습니다. 글을 구성하는 데 큰 도움을 주고 친절하게 제 글을 비판해준 소중한 친구 에릭 프리드만에게도 감사한 마음을 전합니다. 카탈리나 아코스토 오로즈코(Catalina Acosto-Orozco), 토니 베바쿠아(Tony Bevacqua), 윌리엄 컴턴(William Compton), 마르코스 플로렌스(Marcos Florence), 제니퍼 곤잘레즈 무지카(Jennifer Gonzalez Mujica), 아론 호스틱(Aaron Hostyk), 제니 아이삭(Jenny Isaacs), 수잔 카네시로(Susan Kaneshiro), 닐 카운퍼(Neal Kaunfer), 페르난도 오르티즈

(Fernando Ortiz), 폴 펠닉(Paul Palnik), 쇼지 무라모토(Shoji Muramoto), 커크 슈나이더(Kirk Schneider)와 이 책에 나오는 다양한 주제로 흥미로운 대화를 나누게 되어 즐거웠습니다. 지난 5년 동안 예시바 대학교 (Yeshiva University)에서 긍정 심리학을 가르칠 수 있었던 기회 덕분에 이 주제에 대한 풍부한 지식을 얻을 수 있었습니다. 큰아들 제레미 덕분에 용기를 얻었고 다니엘과 소피아도 집에서 항상 저를 응원해주었습니다. 무엇보다도 이 책이 나올 때까지 저에게 끊임없는 조언과 인내심, 지지를 보여준 아내 일레인에게 감사의 말을 전합니다.

Contents

시작하며

　　당신을 정말 행복하게 해주는 것
이 무엇인지 알고 있는가? 만약 알고 있다면, 당신을 행복하게 만
드는 것에 대해 가까운 가족이나 친구들에게 정확하게 설명할 수
있는가? 5년이나 10년 전에도 당신을 행복하게 해주는 것에 대
해 같은 말을 했을까? 아니라면, 살면서 겪은 여러 경험들이 당신
이 가지고 있는 행복에 대한 관점을 변화시켰을까? 대부분의 사람
들에게 진정한 행복을 주는 것은 무엇일까? 행복에 있어서 각자의
방법이 있을까? 아니면 모두들 비슷한 방법으로 행복을 얻게 되는
것일까?

　아마도 지난 수 천 년 동안 행복에 대해 생각하지 않은 사람은
없을 것이다. 인간의 행복 욕구는 최근의 관심사가 아니라 오래 전

부터 많은 사람들의 관심사였다.

시편에 나오는 다윗 왕의 이야기에서, 그는 "이날은 주가 지으신 날. 기뻐하고 즐거워하세."라고 찬양하며 행복을 언급한다. 잠언에서도 "마음의 즐거움은 양약이지만 심령의 근심은 뼈를 마르게 하느니라."라고 하며 행복의 가치를 이야기한다. 아리스토텔레스, 소크라테스, 플라톤, 소포클레스 같은 훌륭한 고대 그리스 철학자들 역시 행복이라는 주제를 고민했다.

고대 철학으로부터 시작된 행복에 대한 고민과 연구는, 오늘날 풍부한 과학 지식이 더해지면서 보다 깊이 있는 행복에 대한 논의가 이루어지고 있다. 미국 심리학의 창시자인 윌리엄 제임스(William James)는 100여 년 전부터 "행동 없는 행복은 없다."라고 주장한 바 있으나, 최근까지 심리학의 영역에서 행복이나 기쁨, 만족을 연구하기보다는 인간 본성의 어두운 부분들에 대한 연구가 활발했던 것이 사실이다. 이는 지그문트 프로이트(Sigmund Freud)의 영향이 컸다. 그는 유머에 대한 글을 쓸 때도 '감추어진 적대감'이라 표현하며 본질적으로 부정적인 개념을 포함시켰다. 그럼에도 불구하고, 오늘날 많은 전문가들이 웃음이 건강에도 좋고 치료에도 도움이 된다는 사실을 이야기하고 있다.

물론 전문 심리학자가 생각하는 행복이 꼭 옳은 것이라 할 수는 없을 것이다. 그러나 나는 오랜 기간 연구원과 작가, 치료자, 교육

자로 지내오면서 긍정 심리학(positive psychology)을 다뤄왔고, 긍정 심리학을 통해 당신이 행복해질 수 있는 방법을 일러줄 수 있으리라 믿는다. 그리고 이 책을 통해 사람들이 일상에서 더 많은 행복을 느낄 수 있게 만드는 50가지의 방법을 소개하고자 한다. 물론 이 책에 행복해질 수 있는 모든 방법이 포함된 것은 아니다. 내가 소개하고 싶은 행복해지는 다른 방법들도 많지만, 아직 이를 과학적으로 입증할 수 있는 활발한 연구가 이루어지지 않은 까닭이다.

이 책에는 한층 깊은 의미의 행복과 관련한 경외감, 기도, 꿈, 노스탤지어, 우정, 멘토링 같은 주제들을 통해 의미를 찾거나 자아를 실현할 때 얻을 수 있는 행복의 방법이 담겨져 있다. 나는 창의력과 정신적인 잠재력을 최대한 표출하고, 자기 주도적 태도를 가지며, 타인과 따뜻한 관계를 형성할 때 진정한 기쁨이 생긴다고 믿는다. 총 50개의 장으로 구성된 이 책은 즉흥적 행동을 시작으로 나를 찾는 명상까지 주제를 나열하였고, 각 장의 마지막에는 주제별 추천 활동을 소개한다.

여러 연구를 통해 충분한 자아 성찰 후에 일기를 쓰게 되면 기분이 좋아지고 삶의 만족도도 높아진다는 결과가 제시되고 있는 만큼, 당신은 이 책을 통해 큰 만족을 얻을 수 있을 것이다. 또한 당신은 이 책을 통해 당신이 가장 중요하게 생각하는 관심사나 가치에 대해서도 생각해볼 수 있다. 만일 당신에게 아이들이나 조카, 손주가 있다면 이 책은 당신이 아이들과 함께 새로운 경험을 쌓고 행복한 추억을 남길 수 있는 방법을 알려줄 수도 있을 것이다.

당신이 현재 무엇에 관심을 가지고 있느냐에 따라 당신의 눈길을 사로잡는 주제도 있고 그렇지 않은 주제도 있을 것이다. 50가지의 모든 주제가 당신의 마음에 와 닿지는 않을 것이다. 그러나 열린 마음과 모험심 가득한 태도만 있다면, 조류 관찰이나 정원 가꾸기처럼 행복해질 수 있는 새로운 방법을 알 수 있게 될 것이다.

이 책을 통해 당신이 행복해질 수 있는 모든 방법들을 마음껏 즐겨보자!

즉흥적 행동
Acting Improv

"즉흥 연기에서 배운 것이 있다면 좋든 싫든 모든 인생은 즉흥극이라는 것이다."

오스카 수상 배우인 알란 아킨(Alan Arkin)의 말이다. 아킨은 55년 전 대본 없이 연기하는 즉흥극을 하며 자신이 앞으로 해야 할 일을 깨달았다.

아킨은 시카고의 유명한 코미디 극단인 세컨드 시티의 공동 설립자로서 배우 훈련과 개인 성장에 즉흥극이 얼마나 중요한지 강조해왔다. 자신의 저서인 《즉흥적인 삶(An Improvised Life)》에서 즉흥 연기를 통해 솔직한 감정 표현과 즉흥적 행동, 경청의 중요성에 대한 교훈을 얻었으며, 자신이 얼마나 더 행복한 사람이 되었는지 이야기한다.

　개인적 경험을 바탕으로 즉흥적 행동을 통해 행복해졌다는 아킨의 경우처럼, 많은 건강 전문가들이 아킨의 의견에 동의하고 있다. 과학적 근거는 충분하지 않지만 청중을 만나기 전 타인과 즉흥적으로 교류하는 경험이 자신감과 사교성, 결단력, 창의력, 협동심에 도움을 준다고 보는 것이다. 즉흥적 행동과 행복과의 관계는 알렌 코넬리우스 박사(Dr. Allen Cornelius)가 덴버의 로키스 대학교에서 개최한 '즉석 상담' 워크숍에서도 다뤄진 바 있다. 당시 카운슬러들은 대상자의 이야기에 귀 기울이고 비언어적 신호에 주목하여 그들이 보고 들은 것을 돌이켜 보는 능력을 강화하도록 도왔다. 그리고 코넬리우스 박사는 유머의 심리적 이점을 연구하던 중 즉흥극과 심리 치료의 연관성을 발견할 수 있었다. 코넬리우스 박사에 따르면 즉흥극과 심리 치료의 공통점은 "두 명 이상의 사람들이 불확실하고 갑작스러운 전개 과정에 부딪혔을 때, 서로 협동하며 각자 적응해야 하며, 만족스러운 결과를 얻기 위해 애써야 한다."는 데 있다. 이러한 연구 결과에 따라 최근 시카고에 있는 PARC(Panic Anxiety Recovery Center)는 세컨드 시티와 협력하여 즉흥극으로 사회적 불안감을 극복하도록 돕는 80주 동안의 프로그램을 제공하고 있다.

　경영 전문가들도 즉흥적 행동과 행복과의 관계에 주목하고 있다. 노스캐롤라이나 대학 키넌–플래글러 경영 대학원의 킵 캘리

(Kip Kelly)는 리더십 훈련의 일환으로 즉흥극을 활용한다. 즉흥극은 연습이 쉽고, 실행하는 것이 수월하며, 개인이 연습할 수 있는 수단과 요령, 기술을 알려줄 수 있기 때문이다. GE, 맥도날드, 나이키, 펩시 등의 대기업에서도 다양성에 대한 민감성을 강화하는 경영 교육에서 즉흥극을 도입하고 있다. CERN으로 알려져 있는 유럽입자물리연구소의 물리학자들도 즉흥극의 도움을 받아 의사소통과 경청 기술을 연마하고 있다.

즉흥극은 1920년대 야코브 모레노 박사(Dr. Jacob Moreno)가 창시한 전문 심리 요법인 사이코드라마(psychodrama)와 유사하며, 정서적으로나 사회적으로 많은 이점을 가지고 있다. 사이코드라마 요법은 정서 성장을 위해 여러 명이 역할극을 하는 것으로, 전문 치료사의 감독 하에 환자의 두려움, 환상, 인생사건 등과 관련된 대화나 장면을 연기한다.

예를 들어, 강압적인 부모님 때문에 힘들어하는 사라(Sara)라는 젊은 여성이 있다. 치료사는 사라의 부모 역할을 맡을 사람 두 명을 지정하고 사라에게 부모님과 마지막으로 겪은 언쟁을 재연해달라고 한다. 상황을 재연하는 동안 사라는 머릿속의 모든 생각과 감정을 인지함으로써 부모와 어긋난 관계를 제대로 바라볼 수 있게 된다. 또한 그 장면을 여러 번 재연해보면서 부모님에 대한 자신감을 기르게 되는 것이다. 사라처럼 당신 역시 즉흥적 행동을 통해 당신 내면의 생각과 감정을 이해하고 자신감을 회복할 수 있게 될 것이다.

즉흥극으로 개선하기

즉흥극 수업이나 워크숍에 참가해보자. 경험 많은 배우들은 다음과 같은 다섯 가지의 방법을 통해 즉흥극의 효과를 극대화할 수 있다고 이야기한다.

1 처음부터 '언제 어디서 일어난 일'이라는 환경을 설정하고, 이를 일정하게 유지한다.
2 당신이 맡은 인물이 하는 행동에 대해 '이것을 왜 하는지' 그 동기를 이해한다.
3 당신과 다른 인물들과의 관계에 집중하여 그들과 소통한다.
4 당신이 듣고자 하는 말이 아니라 상대방이 실제로 하는 말에 경청하고 반응한다.
5 웃기려고 하지 말자. 자연스럽게 장면이 전개되도록 하고, 항상 청중에게 이야기를 전하도록 노력한다. 즉흥극에서 중요한 것은 스토리텔링이다.

어드벤처 스포츠
Adventure Sports

에솔렌 인스티튜트는 캘리포니아주에 있는 유명한 대안 학교이다. 이곳의 학생들은 일반적인 교육기관에서 배우지 못하는 것들을 통해 자기 성장을 이루고 있다. 에솔렌 인스티튜트의 공동 설립자인 마이클 머피(Michael Murphy)는 "스포츠는 우리의 평범한 자아의식을 뛰어넘어 숨은 능력을 일깨워주는 놀라운 힘을 가지고 있다."고 말한다. 머피가 레아 화이트(Rhea White)와 함께 저술하여 1996년에 발간한 《인 더 존(In the Zone)》이라는 책은 프로 운동선수부터 취미로 운동을 즐기는 사람에 이르기까지 수많은 사람들의 스포츠 사례를 소개하며, 이들이 스포츠를 통해 행복이 증진되었다고 말한다.

일찍부터 스포츠가 가진 행복 증진의 힘에 주목했던 머피 이후

20년 동안 스포츠 심리학 분야에서는 '피크 퍼포먼스(peak performance)'부터 자연에서 즐기는 모험까지 머피가 강조했던 스포츠의 잠재력에 대한 다양한 연구가 진행되어 왔다. 다이빙처럼 혼자 즐기는 스포츠뿐만 아니라 축구처럼 여러 사람이 함께 즐기는 단체 스포츠의 피크 퍼포먼스는 최고의 성과를 동반해야 한다. 수많은 운동선수와 인터뷰를 진행했던 찰스 가필드 박사(Dr. Charles Garfield)와 할 베넷(Hal Bennett)은, 최상의 운동성과를 위한 8가지 조건을 발견하였다. 이들이 발견한 최상의 성과를 거둘 수 있는 조건은《피크 퍼포먼스(Peak Performance)》에 실려 있다.

〈 **최상의 성과를 거둘 수 있는 8가지 조건** 〉

- 심리적 안정과 평온함

- 신체적 안정과 유연한 움직임

- 자신감과 낙관적인 마음가짐

- 현재에 집중하는 태도

- 넘치는 기운과 열정

- 자신의 신체에 대한 뛰어난 인식

- 과도한 노력이 필요 없는 통제력

- 심리적 동요를 방지하는 정신력

피크 퍼포먼스는 운동을 할 때 집중력을 발휘할 수 있게끔 유도함으로써 경쟁력을 높여준다. 인터넷에서 피크 퍼포먼스와 관련한 정보를 검색하면 농구, 골프, 축구, 배구, 모토크로스 경주뿐만 아니라 부동산 매매처럼 스포츠와 관련되지 않은 분야에서도 적용할 수 있는 피크 퍼포먼스 트레이닝 정보까지 얻을 수 있다.

1990년대 후반, 호주 퀸즐랜드 대학교의 수잔 잭슨 박사(Dr. Susan Jackson)는 자신의 연구를 통해 '몰입'이 피크 퍼포먼스에서 중요한 것임을 발견했다.

심리적인 측면이 피크 퍼포먼스에 크고 작은 영향을 미친다는 사실이 알려지기 시작하면서 운동 훈련에 있어서 내적 심리 상태 강화 훈련에 중점을 두는 이들이 늘어나기 시작했다. 특히 많은 선수들이 명상을 통해 어떤 것에도 방해받지 않고 경기에 집중할 수 있는 정신력을 기르며 시합에 대비하고 있다.

머피가 인도로 요가 수련을 떠났을 때, 그는 침묵 속에서 활동하는 심해 잠수부, 행글라이더, 산악인들의 초자연적인 이야기에 매료되었다고 한다. 그리고 그들을 움직이게 만드는 힘이 마음에 있는 것이라 여겼다. 이러한 머피의 주장들은 많은 학자들에 의해 입증되었고, 의료 전문가들 역시 스포츠와 심리와의 관계에 주목하기 시작했다. 그들은 자연에서 즐기는 스포츠나 어드벤처 스포츠에 집중해 스포츠와 심리의 관계를 탐색했다.

존 커 박사(Dr. John Kerr)와 수잔 맥켄지 박사(Dr. Susan Mackenzie)는 《스포츠와 운동(Sport and Exercise)》에서 스포츠를 즐기는 이들을 움직이는 힘에는 다양한 이유가 한데 얽혀 있다고 주장했다. 목표 설정, 도전 정신, 권태로부터의 탈피, 사교 활동, 자신의 한계와 두려움 극복, 물과 하늘에서 움직일 때의 기쁨, 자연과의 강한 유대감 형성 등의 이유가 그들에게 동기를 부여한다는 것이다. 실제로 한 중년의 카약 챔피언 선수는 자신이 카약을 즐기는 이유에 대해 "제 경우에는 도전의식을 갖고 아름다운 강에서 우아하고 유연한 내 몸의 움직임을 느끼는 것이 좋았습니다."라고 설명하며, 카약을 통해 행복해졌다고 고백했다.

영국 버킹엄셔 뉴 대학교의 바바라 험버스톤 박사(Dr. Barbara Humberstone)는 어드벤처 스포츠를 과학적으로 연구하는 대표적인 학자이다. 험버스톤 박사에 따르면 스쿠버 다이빙, 장거리 사이클링, 윈드서핑 등과 같은 어드벤처 스포츠는, 인간이 자연과 공감하고 유대 관계를 맺도록 도와주기 때문에 행복의 중요한 근원이 된다. 이는 어드벤처 스포츠에서 중요한 것이 얼마나 위험한 운동인지가 아니라 얼마나 우리의 몸과 마음이 자연에 조화되는지에 있기 때문이다.

수많은 선수들이 모험과 스포츠를 통해 행복을 찾았던 것처럼, 당신도 야외에서 모험을 즐기면서 당신이 미처 모르고 있던 행복을 가져오는 스포츠의 힘을 느낄 수 있을 것이다.

야외에서 모험 즐기기

어드벤처 스포츠는 주로 체력이 좋아야 즐길 수 있는 것이 많다. 사전에 당신이 어드벤처 스포츠를 즐길 수 있는 충분한 신체적 조건을 가지고 있는지 의학적으로 확인받는 것이 좋다. 그러나 일반적인 수준의 모험들은 준비만 제대로 한다면 얼마든지 즐길 수 있다. 다만, 다음의 다섯 가지를 명심할 필요가 있다.

1 각자 성격에 맞는 야외 환경을 선택한다. 흐르는 물을 좋아하는 사람도 있고 눈 덮인 곳에서 운동하길 좋아하는 사람도 있다.

2 날씨를 확인하고 이에 맞는 옷차림을 갖춘다. 여름이라도 산 위는 추울 수 있다.

3 천천히 시작하고 인내심을 가진다.

4 떠날 준비가 되었다고 느낄 때에만 각자의 안전지대 밖으로 떠나 모험을 시작한다.

5 단체로 즐긴다. 타인과 경험을 공유할 때 더 많은 것을 배울 수 있다.

{ *Adventure Sports* }
어드벤처 스포츠

하고 싶은 스포츠나 운동이 있는지 적어보세요.

알아보기

영국 버킹엄셔 뉴 대학교의 바바라 험버스톤 박사는 어드벤처 스포츠를 과학적으로 연구한 대표적 인물이다. 험버스톤 박사는 스쿠버 다이빙, 장거리 사이클링, 윈드서핑 같은 어드벤처 스포츠가 인간이 자연과 공감하고 유대 관계를 맺도록 도와주기 때문에 행복의 중요한 근원이 된다고 설명했다. 어드벤처 스포츠에서 중요한 점은 얼마나 위험한 운동인지가 아니라 얼마나 우리의 몸과 마음이 자연에 조화되는지이다.

예술 감상
Art Appreciation

수 세기 동안, 미술관이나 박물관은 전 세계 사람들에게 즐거움을 제공해 왔다. 이탈리아 여행에서 고대 예술에 마음을 빼앗긴 지그문트 프로이트(Sigmund Freud)도 열정적으로 박물관을 찾았던 사람 중의 한명이었다. 그러나 프로이트는 한 번도 예술 감상을 행복의 근원으로 해석하지는 않았다. 프로이트의 제자인 오토 랭크(Otto Rank)는 자신의 저서 《아트와 아티스트(Art and Artist)》에서 창작 과정에 대해 통찰력 있는 글을 썼지만, 랭크 역시 예술과 행복과의 관계에 대해 언급하지는 않았다.

그러나 문학계에서는 예술을 통해 행복해질 수 있다는 다양한 견해들이 제시되고 있다. 에드거 앨런 포(Edgar Allan Poe)는 위대한 예술은 신과 인간의 거리를 보여줌으로써 우리의 눈물을 자아낸다고 말했으며, 톨스토이(Tolstoy)는 예술이 인간의 공감 능력을 키워준다고 언급하며 예술을 찬양했다. 버지니아 울프(Virginia Woolf)는 예술가의 재능이 아름다움에 대한 인간의 감성을 키워준다고 믿었다.

예술에 대한 각기 다른 인식을 보며 과연 누구의 생각이 맞는 것일까란 물음을 던지게 된다. 이와 관련하여 과학적 연구가 이루어지거나 이론적으로 규명되지는 못했지만, 최근 들어 예술에 주목하는 이들이 늘어나기 시작했다.

펜실베이니아 대학교 긍정 심리학 센터의 제임스 파월스키 박사(Dr. James Pawelski)는 사람들이 박물관에서 어떻게 예술을 경험하는지 연구하고 있다. 그는 《뉴욕타임스(New York Times)》와의 인터뷰에서, "우리는 도서관에서 책장을 따라 걸으며 책등만 쭉 둘러본 뒤 친구에게 '나 오늘 책 100권 읽었어!' 라고 하지 않아요. 따라서 그림도 그냥 지나가듯 훑어봤다고 해서 제대로 감상한 것이 아닙니다."라고 말했다. 그리고 예술을 제대로 감상할 수 있는 아주 간단한 방법으로 '느긋해지라'고 조언했다. 파월스키 박사는 미술관을 자주 다니는 이들에게 예술을 제대로 감상하기 위해서는 마음에 드는 작품 앞에서 최소 20분은 느긋하게 감상할 것을 권한다.

런던 정치경제대학교의 다니엘 후지와라(Daniel Fujiwara)는 14,000명이 넘는 영국 성인을 대상으로 문화와 스포츠 참여도 기록을 분석하는 연구를 실시했다. 그리고 박물관을 방문하는 사람들이 스스로를 더 행복하고 건강하게 느낀다는 사실을 발견했다. 놀랍게도 연구에 참여한 사람들은 전반적으로 스포츠, 예술 활동을 하거나 스포츠 경기와 콘서트에 참석하는 것보다 박물관이나 미술관에 방문하는 것을 더 가치 있게 여기는 것으로 나타났다. 흥미로운 사실은 어릴 때 부모님과 한 번도 미술관을 방문한 적 없는 사람은 성인이 되어서도 미술관을 방문하지 않는다는 것이었다.

미술관 방문이 어떻게 우리의 몸과 마음에 도움을 주는 것일까? 이에 대한 대답은 1980년대 미시간 대학교의 레이첼 카플란 박사 (Dr. Rachel Kaplan)와 스티븐 카플란 박사(Dr. Stephen Kaplan)가 처음 소개한 주의 회복 이론(Attention Restoration Theory)에서 찾을 수 있다. 원래 이들은 자연환경이 정신적 피로와 짜증, 스트레스 같은 감정을 극복하는 데 어떤 도움을 주는지에 대해 관심을 가졌다. 그리고 레이첼과 스티븐은 자연에서 하이킹이나 산책을 통해 매료, 탈피, 규모, 공존성이라는 네 가지 장점을 얻는다고 믿었다.

1 매료 : 쉽게 우리의 관심을 사로잡는다.

2 탈피 : 평범한 일상과 업무에서 벗어날 수 있다.

3 규모 : 오랜 시간 동안 우리의 마음을 끌기 위한 충분한 구조와 공간을 경험할 수 있다.

호주 퀸즐랜드 대학교의 잰 패커 박사(Dr. Jan Packer)는 자연처럼 미술관이나 박물관도 인간의 몸과 마음을 회복시켜준다고 말한다.

이러한 학자들의 공통된 인식은 미술관이나 박물관이 인간의 행복에 도움이 된다는 데 있다. 당신이 만일 행복과 만족감을 높이고 싶다면, 미술관을 방문하는 것만으로도 그 효과를 볼 수 있게 될 것이다. 특히 당신이 도시에 살고 있다면 미술관 방문이 당신의 행복에 더욱 도움이 되어줄 것이다.

천천히, 자세히 바라보기

박물관이나 미술관에 방문한다면 당신이 가장 마음에 드는 두 작품 앞에서 각각 최소 20분씩 감상하자. 그리고 즉시 떠오르는 감정과 생각을 적어본다.
이 작품들이 당신에게 큰 감동을 준 이유는 무엇인가?
그 이유에 대해 생각하다보면 당신은 이미 당신 내면에 숨어 있던 행복을 찾아 나설 수 있게 될 것이다.

진실성
Authenticity

그리스에 있는 고대 델포이 신전에는 "너 자신을 알라."라는 격언이 새겨져 있다. 여기에서의 '앎'은 진실된 자기 자신의 내면을 마주하고 이해하는 것을 포함한다. 이 진실의 개념은 고대부터 현재까지 꾸준히 중요시되어오고 있다.

셰익스피어의 작품 《햄릿(Hamlet)》에 나오는 폴로니우스는 아들 라에르테스에게 이렇게 충고한다. "너 자신에게 진실 되라. 그러면 마치 밤이 낮을 뒤따르듯 너는 다른 누구에게도 거짓되지 않을 것이다."라고 말이다. 1600년대 초에 쓰여진 셰익스피어의 이 명언은 수 세기 동안 부모가 자녀에게 주는 조언에 영감이 되고 있으며, 여전히 많은 사람들에게 의미 있는 말로 받아들여지고 있다.

셰익스피어가 강조한 '진실'은 현대에 이르러 칼 로저스 박사(Dr.

Carl Rogers)가 처음으로 언급한 진실성(Authenticity)이라는 개념으로 확장되었다. 인본주의 심리학(humanistic psychology)의 공동 창시자인 로저스 박사는 자신의 진짜 감정을 인지하고 표현하는 것이 매우 중요하다고 강조했다. 그 근거가 되는 것이 제2차 세계 대전이 끝나고 이루어진 '비지시적 상담(nondirective counseling)' 연구이다. 해당 연구에서 그의 환자들은 사회적 가면을 벗고 난 후 더 행복해하고 활기 있는 모습을 보였다.

로저스 박사에 의해 제시된 진실성이라는 개념은 디트로이트 메릴 팔머 연구소의 클라크 무스타카스 박사(Dr. Clark Moustakas)에 의해 교육 관련 분야에서도 적용되었다. 그는 진정성을 가진 선생님은 학생들에게 단순한 사실을 가르치기보다는 학생들의 관심사를 키우도록 돕는다고 생각했다. 또한 진실성을 통해 더 창조적인 성과물을 얻을 수 있다고 믿었으며, 학생과 선생님을 고유한 존재가 아닌 대체 가능한 존재로 여기는 현실의 교육 시스템이 가진 냉담함을 비판했다.

최근 브리검영대학교의 C. 테리 워너 박사(Dr. C. Terry Warner)는 비진정성(inauthenticity)으로 인해 발생하는 자기기만(self-deception)과 자기배반(self-betrayal)의 위험성을 지적하기도 했다. 그는 진정한 자신의 모습을 거스르는 행동을 하면 만족스럽고 생산성 있는 생활을 영위할 수 있는 능력이 약화된다고 보았다. 자기기만과 자기배반은 결국 인간을 스스로에게 가장 해로운 존재로 만들어버린다는 것이다. 그리고 워너 박사는 철학과 종교의 가르침을 바탕으로 행복에 이를 수 있는 방법으로 '타인에게 항상 정직하라'고 충고한다.

진실성에 대한 과학자들의 연구도 이어지고 있다. 영국 스털링 대학교의 알렉스 우드 박사(Dr. Alex Wood)는 로저스의 이론에 기초하여 '자기 소외(self-alienation), 진실한 생활(authentic living), 외부 영향에 순응(conforming to external influences)'이라는 세 가지 요인을 진실성의 과학적 기준으로 제시하였다. 우드 박사와 동료들에게 있어서 진실성이란 내면의 본성을 인지하고 본성에 따라 자신을 표현할 수 있으며 순응의 압박에 저항할 수 있음을 의미한다.

조지아대학교의 마이클 커니스 박사(Dr. Michael Kernis)와 당시 대학원생이었던 브라이언 골드만(Brian Goldman)은 진실성의 기준으로 (1) 자신의 감정과 목적을 인식하기, (2)편견이나 오해 없이 자신을 바라보기, (3)자신의 가치와 신념에 맞게 행동하기, (4)진실하고 열린 관계를 지향하기라는 네 가지 요인을 제시한 바 있다. 진실의 중요성과 관련하여 무스타카스 박사는 "솔직하지 않을 때 우리는 조화와 온전함을 위해 필요한 중요한 원천을 단절시킨다."고 충고한다. 아마도 햄릿의 폴로니우스 역시 무스타카스 박사의 말에 동의할 것이다.

진실성에 대한 최근의 연구 결과들을 보면 삶의 만족도, 튼튼한 자존감, 자율성, 마음 챙김(mindfulness) 등과 같이, 진실성은 행복의 특징과 분명한 연관성을 가지고 있다. 이는 당신이 행복해지고 싶다면 진실해지는 방법을 알아야 함을 의미한다. 그리고 진실에 눈을 뜨게 만드는 시작은 당신 자신을 제대로 아는 것에서부터 출발한다.

자신을 알아가기

진실성은 자기 인식에서 시작되는 것이다. 스스로 다음의 네 가지 질문에 대한 답을 구해보면서 자신에 대해 알아보자.

1 당신의 어린 시절 꿈은 무엇이었으며, 그 목표가 당신에게 어떤 의미였는가? 여전히 당신에게 중요한 의미가 있는가?
2 당신을 웃게 하는 것은 무엇인가? 고대 유대인인 탈무드는 그 사람이 재미있어하는 것을 보면 어떤 사람인지 알 수 있다고 했다.
3 당신이 즐기는 활동은 무엇인가? 주로 혼자 하는 활동인가? 아니면 두 명이나 세 명 이상 즐기는 활동인가?
4 누구와 있을 때 가장 나다워지는가? 당신을 판단하거나 비난하지 않고 있는 그대로의 모습으로 받아들이는 사람은 누구인가?

경외감

Awe

아브라함 요슈아 헤셸(Abraham Joshua Heschel)은 "경외감은 지혜로 향하는 길이다. 경외감이란 그저 감정을 의미하는 것이 아니라 우리보다 거대한 가치를 통찰하고 이해하는 방법이다."라고 말했다. 20세기를 대표하는 신학자인 랍비 헤셸은 자아를 실현하고 만족하는 삶을 살기 위해서 경외감은 없어서는 안될 요소라고 여겼다. 1900년대 초반, 윌리엄 제임스(William James)는 광대한 우주의 신비를 바라볼 때처럼 경외감을 느끼는 능력이 건강한 정신의 바탕이 된다고 믿었다.

심리학에서는 경외감에 대해 최근까지 크게 주목하지 않았다. 그러나 긍정 심리학이 등장하면서부터 경외감은 연구자들의 관심 대상으로 자리 잡기 시작했다. 캘리포니아 대학교 버클리 캠퍼스의 대커 켈트너 박사(Dr. Dacher Keltner)는 아인슈타인의 발명이나 모차르트의 음악 같이 인간의 뛰어난 업적이나 대자연, 예술 등을 접할 때 경외감이 일어난다는 사실을 발견했다. 역설적이지만, 인간은 거대함 앞에서 작아지며 결속력을 느끼게 된다. 이와 관련하여 샌프란시스코의 실존주의 이론가인 커크 슈나이더 박사(Dr. Kirk Schneider)는 많은 글을 통해 경외감이 최적의 심리적 기능에 기여하는 역할을 수행할 뿐만 아니라, 모험이나 새로운 발견을 통해 인간에게 힘을 줄 수 있음을 강조하였다.

경외감은 일반적으로 흔하게 겪을 수 있는 감정은 아니다. 빠르게 변화가 일어나는 오늘날에는 더욱 경험하기가 힘들다. 인터넷의 발달로 사진이나 동영상, 문자, 이메일 같은 오락거리가 넘쳐나며, 이를 통해 얻게 되는 자극은 또 다른 자극이 나타나기 전까지의 짧은 순간 동안 우리의 관심을 끈다. 물론 오락거리는 우리에게 즉각적인 즐거움을 줄 수도 있지만, 매우 일시적이다. 또한 인간으로 하여금 경외감을 경험할 수 있게 만드는 가능성을 크게 낮추고 있다.

그렇다면, 어떻게 해야 우리가 일상에서 더 큰 경외감을 경험할 수 있게 될까? 슈나이더는 여섯 가지 조건을 충족해야만 경외감을 경험할 수 있다고 말한다.

(1) 성찰의 시간. 강렬하고 놀라운 경험만으로는 충분하지 않다. 우

리가 경험한 일을 깊이 생각하고 받아들일 수 있어야 하는데, 이를 위해서는 어느 정도의 시간이 필요하다.

(2) 느긋해질 줄 아는 능력. 요즘 시대에 당연한 얘기지만, 많은 사람이 조급함을 버리고 느긋한 마음을 가지려면 참선을 수행하듯 느긋함을 배울 필요가 있다.

(3) 매 순간을 즐기는 능력. 긍정 심리학에서 향유의 개념은 중요한 부분으로 자리 잡고 있으며, 향유는 모든 감각으로 즐기고 매 순간을 온전히 경험하는 것을 의미한다.

(4) 사랑하는 것에 집중하기. 인간은 자신이 좋아하는 일에 계속해서 중점을 두는 경우가 드물다. 그러나 자신에게 기쁨을 주는 일에 집중하면 할수록 경외감을 느낄 수 있는 가능성이 커진다.

(5) 큰 그림을 보는 능력. 인간의 일상은 평범하고 사소한 일의 연속이다. 그러나 이렇게 사소한 일만 계속된다면, 어떻게 경외감을 경험할 수 있을까? 평범하고 사소한 일만을 보지 말고 그 너머에 있는 특별하고 거대한 일을 볼 수 있어야 한다.

(6) 궁극적으로 모든 것을 알게 된다고 믿는 힘. 여섯 번째 조건은 다른 조건에 비해 약간의 맹신이나 모험이 필요할지도 모른다. 왜냐하면 경외감은 논리적인 설명이 아닌 더 큰 의미를 향한 열린 마음에서 시작되기 때문이다.

경외감은 쉽게 느낄 수 있는 것은 아니다. 그러나 당신이 경외감을 느끼고자 노력한다면, 얼마든지 삶이 주는 활기를 얻을 수 있게 될 것이다.

경외감 느끼기

경외감처럼 숭고한 감정이 일어나는 계기는 사람마다 다르다. 때문에 개인적으로 어떤 경험을 할 때 자신이 놀라운 감정을 느끼는지를 알아차리는 것이 중요하다.

1 당신이 가장 최근 경외감을 느낀 적은 언제인가?

2 무엇이 당신에게 경외감을 느끼게 만들었는가?

3 혼자 경험했는가? 아니면 다른 사람들과 함께 경험했는가?

4 헤셸이 "넓은 시야와 인간을 초월한 일의 암시"라고 부르던 삶의 신비로움을 언제 느껴보았는가?

슈나이더 박사의 여섯 가지 조건과 함께, 자기 자신에 대해 알아가는 자기 이해의 과정을 통해 당신은 일상에서 더 영향력 있는 경외감을 느끼게 될 것이다.

조류 관찰
Birding

미국에서 가장 존경 받는 시인 중 한 사람인 에밀리 디 킨슨(Emily Dickinson)은 출간되지 않은 시에서 "한 마리의 새가 지저귀는 소리는 백 마디 말보다 낫다."고 속삭였다. 그는 매사추세츠의 작은 마을 애머스트에서 평생을 보냈으며, 아버지의 작은 농장을 거의 떠난 적이 없었다.

디킨슨은 1886년에 생을 마감하기 전까지 36년이 넘는 시간 동안 1,800여 편의 시를 썼다. 조류를 주의 깊게 관찰했던 그녀는 새들의 노래나 습관, 특성 등에 대한 조예가 깊었다. 조류 관찰자로서의 그녀가 새에 대해 가졌던 애정은 시에 고스란히 녹아져 있다. 250편이 넘는 그녀의 시에는 24종에 이르는 다양한 새가 등장하고 있는데, 파랑새(bluebirds), 쌀먹이새(bobolinks), 뻐꾸기(cuckoos), 들

종다리(meadowlarks), 쏙독새(whip-poor-wills)처럼 토지 개발로 인해 뉴잉글랜드 지역에서는 더 이상 보기 힘든 새들도 있고, 홍관조(cardinals)나 흉내지빠귀(mockingbirds)처럼 기후 변화로 인해 더 흔하게 볼 수 있는 새들도 나온다.

새에 대한 그녀의 묘사는 당시 조류학 서적이 존재하지 않았다는 점에서 매우 특별한 가치를 가지고 있다. 1834년에 동식물 연구가이자 탐험가인 토마스 누탈(Thomas Nuttall)이 목판에 새긴 첫 책을 저술했지만, 엄밀한 의미에서 조류학 서적으로 보기는 힘들었다. 누탈의 책은 새소리를 음절 패턴으로 기술했다는 특징을 가지고 있었지만 부피가 큰 두 권의 책으로 구성되어 있었기 때문에 휴대용 도감으로서의 기능은 없었다.

이후 1898년에 미국에서 동식물 연구가인 플로렌스 미리엄 베일리(Florence Merriam Bailey)에 의해 조류에 관한 첫 대중서인《오페라 글라스를 통해 보는 새(Birds Through an Opera Glass)》가 출판되었다. 70종의 조류가 묘사된 이 책을 쓸 때 베일리는 새를 사냥하는 대신 쌍안경을 활용해 들판에 있는 새를 관찰하고 관찰한 내용을 친근한 문체로 글에 옮겼다. 독자들은 새가 있는 모험 가득한 세상으로 안내하는 이 책을 통해 조류를 관찰하는 일을 건전하고 사교적인 활동으로 인식하게 되었다. 덕분에 조류 관찰이 대중적인 관심을 받기 시작했다. 1908년 시어도어 루스벨트 대통령(President Theodore

Roosevelt)도 조류 관찰 유행에 동참하였고, 워싱턴 D.C. 부근에서 관찰한 90종의 조류를 기록한 목록을 만들기까지 했다.

미국 어류 및 야생동식물 보호국에서 시행한 최근 조사에 따르면, 4천 6백만 명의 미국인이 조류를 관찰한다. 이 중에서 20종 이상의 조류를 구분할 수 있는 사람은 8명 중 1명이고 대다수는 집에 새 먹이통을 놓아두고 마당에 날아오는 새를 관찰하며 즐기는 것으로 알려졌다. 국립오듀본협회의 설립과 탐조 활동의 발전에 평생 앞장섰던 디킨슨도 여기에 해당한다.

수 천 년 동안 수많은 시인이 새의 지저귐과 아름다움을 찬양해 왔지만 새들이 인간의 행복에 미치는 영향에 대한 과학적 연구는 활발하지 않았다. 그러나 새와 인간의 행복 간의 관계에 대한 의미 있는 연구 결과들도 존재한다. 영국 서리대학교의 엘리노어 랫크리프(Eleanor Ratcliffe)의 연구가 대표적이다. 영국의 내셔널 트러스트와 서리 야생동물보호 단체의 지원으로 이루어진 엘리노어 팀의 최근 연구 결과에 따르면, 새의 지저귐과 짝을 부르는 소리는 인간의 스트레스와 인지력 피로를 감소시킨다. 그러나 모든 새의 소리가 인간의 정신적 안정에 도움을 주는 것은 아니다. 해당 연구에서 까마귀나 까치, 부엉이 같은 새들은 시끄럽고 귀에 거슬리는 부정적인 소리를 내는 것으로 평가되었다.

새 소리에 대한 연구를 진행한 학자들의 공통적인 의견은, 반복적이지 않고 듣기 좋은 지저귐 같은 특정한 소리가 사람들의 기운을 회복시켜 준다는 것이다. 만일 당신이 새를 기르지는 않지만, 새가 인간에게 주는 긍정적인 효과를 얻길 원한다면 조류 관찰이 그 해답이 되어줄 수 있다.

조류 관찰의 기본

조류를 관찰할 때는 메모장이나 당신이 관찰을 위해 찾아가는 지역에 살고 있는 새들의 모습과 소리, 특징 등을 설명한 휴대용 도감, 쌍안경 등과 같은 최소한의 기본 장비가 필요하다. 기본 장비를 갖추었다면 계절에 맞는 편안한 복장으로 관찰을 시작하면 된다. 필요하다면 사진기도 준비하는 것이 좋을 것이다. 조류 관찰을 즐기는 사람들은 사진도 즐겨 찍곤 한다. 사진은 빠르게 날아가 버리는 새의 종을 구분하는 데 도움이 되기 때문이다.

조류 관찰을 시작했다면, 당신은 참을성을 가져야 한다. 관찰을 위해 한번 자리를 잡고 나면 한동안은 조용히 움직이지 않아야 한다. 참을성 있게 기다려야 새들이 당신의 존재에 익숙해지고 놀라서 도망가지 않는다.

단체 합창
Community Singing

독일의 위대한 철학자 프리드리히 니체(Friedrich Nietzsche)
는 "음악이 없다면 인생은 한낱 실수일 뿐"이라 말했
다. 냉소적으로 세상을 바라보던 그였지만, 음악에 대해서만큼
은 예외였다. 니체는 어린 시절부터 피아노를 배웠으며 우정에
대한 찬가(Hymn to Friendship)처럼 시에 붙일 음악을 열정적으로 작
곡했다. 이후 그는 작곡가 리하르트 바그너(Richard Wagner)와 가까
워졌고 바젤대학교에서 교수로 재직할 당시에는 가장 친한 친구
이자 신학자인 오베르벡(Franz Overbeck)과 한 대의 피아노로 함께
연주하는 것을 즐기곤 했다.

니체는 음악이 우리의 감성을 자극할 뿐만 아니라 지성도 키워
준다고 믿었다. 1888년의 한 편지를 보면 "사람들은 음악이 정신

을 자유롭게 하고 생각에 날개를 달아주어 더 나은 철학자가 되게 해준다는 것을 알까요? '나는 비제의 음악을 들을 때' 해답이 저절로 굴러 들어오며 하늘에서 우박이 쏟아지듯 지혜와 해결된 문제가 쏟아집니다."라고 쓰여있다.

니체 외에도 심리학의 창시자들 중에는 열정적으로 음악을 연주한 것으로 알려진 이들이 적지 않다. 알프레드 아들러(Alfred Adler)는 자신의 모국인 오스트리아 민요를 즐겨 불렀으며 프란츠 슈베르트(Franz Schubert)의 가곡도 연주하며 불렀다. 에이브러햄 매슬로(Abraham Maslow)는 10대 시절부터 피아노를 배웠고 음악을 듣기 위해 카네기 홀을 즐겨찾기로 유명했다. 1930년대 초반, 매슬로는 음악 심리학으로 석사 논문을 쓰고자 했으나, 교수들은 음악은 비과학적이라며 거부했다. 이로부터 40년이 지나서야 미국 음악치료협회가 설립되었다. 음악과 긍정 심리학에 대한 의미 있는 연구, 특히 단체 합창에 관한 연구는 실제로 더 오랜 시간이 흐르고 나서야 이루어졌다.

영국 셰필드대학교의 베티 베일리(Betty Bailey)와 제인 데이비슨(Jane Davidson)은 빈곤층과 중산층으로 구성된 캐나다 합창단 단원들을 인터뷰한 후, 단체 합창이 참가자의 사회계층이나 음악 실력에 상관없이 정신적·사회적으로 긍정적인 영향을 미친다는 결과를 제시하였다. 노래 실력이 뛰어나지 않은 경우에도 마찬가지였다. 평범한 노래 실력도 괜찮다면 노래방에 가서 노래를 부르는 것으로도 같은 효과를 얻을 수 있을까? 이와 관련하여 뉴저지에 위치한 윌리엄패터슨대학교의 히데오 와타나베 박사(Dr. Hideo Watanabe)는 일본 내 여러 지역에 대한 현장 연구를 진행한 바 있다. 연구 결과, 노래방에서 노래를 부를 때도 정신적·감정적·사회적으로 긍정적인 효과를 얻을 수 있는 것으로 나타났으며, 특히 노인층에 효과적인 것으로 밝혀졌다.

오늘날 음악 심리학 분야에서 손꼽히는 전문가들인 영국 캔터베리 크라이스트처치 대학교의 스티븐 클리프트(Stephen Clift)와 그렌빌 한콕스(Grenville Hancox)의 연구 결과에서도 단체 합창은 인간에게 매우 긍정적인 영향을 미치는 것으로 보고되었다. 이들은 10여 년간 합창이 개인 행복에 어떤 영향을 미치는지 연구해 왔다. 그리고 1,100명 이상의 호주, 영국, 독일 합창 단원을 조사하였고, 단체 합창의 장점을 《뮤직 퍼포먼스 리서치(Music Performance Research)》에 발표하였는데 그 내용은 다음과 같다.

- 더 행복해지고 기분도 좋아진다.
- 집중력이 높아지고 부정적인 생각이나 과거에 받은 감정적 상처에 덜 집착한다.
- 심호흡을 통해 신체는 건강해지고 불안감은 줄어든다.

- 단체 합창은 본질적으로 협동이 요구되는 활동이기 때문에 대인 관계에서 긍정적인 힘도 얻고 우정도 다질 수 있다.
- 인지력을 자극하고 성취감을 얻는다.
- 합창 활동은 정기적인 연습이나 리허설에 참석해야 하므로 신체 활동을 꾸준히 하게 된다.

특히 꾸준한 신체 활동이라는 단체 활동의 장점은 노후 행복을 위해 매우 중요한 부분이다.

이처럼 합창은 인간이 행복을 추구하는데 있어서 매우 효과적이다. 그리고 당신은 신분이나 실력, 음악적 이해 없이도 얼마든지 합창단에 들어갈 수 있으며, 합창을 통해 행복해지는 법을 배울 수 있다.

합창단에 들어가기

당신은 어떤 종류의 합창단에 가장 끌리는가? 합창단의 종류
는 매우 다양하다. 오케스트라와 함께 하는 대규모 클래식 합
창단도 있고, 전통적인 종교 음악과 가스펠을 부르는 성가대
도 있으며, 평생 교육 프로그램에서 지원하는 지역 사회 합창
단도 있다. 오디션을 보지 않고 들어갈 수 있는 합창단도 있기
때문에 너무 긴장할 필요는 없다. 천천히 여유를 가지고 합창
단에 대한 정보를 찾다보면 당신에게 잘 맞는 분위기의 합창
단을 찾을 수 있을 것이다. 악보를 읽을 줄 모른다고 해도 상
관없다. 악보 보는 법부터 차근차근 배우는 합창단도 많다. 노
래를 잘 못 부른다고 실망할 필요도 없다. 기초부터 하나씩 배
울 수 있는 곳도 많이 있으니 말이다. 당신의 스케줄에 맞는
합창단을 찾아서 화음을 맞춰보자!

단체합창

당신은 노래 부르기를 좋아하나요?
좋아하는 곡과 함께 이유를 적어보세요.

알아보기

빈곤층과 중산층의 캐나다 합창단 단원들을 인터뷰한 결과, 단체 합
창은 참가자의 사회계층이나 음악 실력에 상관없이 정신적 · 사회적
으로 긍정적인 영향을 준다는 사실이 밝혀졌다. 노래 실력이 뛰어나
지 않은 경우에도 마찬가지였다. 평범한 노래 실력만 있다면 노래방
을 가는 것으로도 같은 효과를 얻을 수 있다. 노래방에서 노래를 부를
때도 정신적 · 감정적 · 사회적으로 긍정적인 효과를 얻을 수 있는 것
으로 밝혀졌다.

요리와 베이킹
Cooking and Baking

복잡한 프랑스 요리를 미국 가정식과 접목시켜 유명해진 TV 요리사이자 작가인 줄리아 차일드(Julia Child)는 원래 전문적으로 요리를 하는 사람은 아니었다. 2차 세계대전 직후 파리에서 전업주부로 지내던 그녀는, 우연히 요리의 즐거움을 발견했고 그 즐거움을 계속 누리기 위해 요리의 세계로 뛰어들었다. 미국 외교관과 결혼한 그녀는, 원래 모자 만드는 법을 배웠지만 꼬르동 블루 요리 교실에서 평생의 꿈을 발견하고 열정을 불태웠다. 그리고 그녀는 "나는 28번이나 반복하고 나서야 딸기 수플레를 완벽하게 만들 수 있었다"고 고백하며, "성취의 척도는 상을 얼마나 받았는지가 아니라 얼마나 당신이 가치를 두고 보람을 느끼는 일을 하는 지이다."라고 충고한다.

그녀가 동료 요리사들과《프랑스 요리 예술 마스터하기(Mastering the Art of French Cooking)》라는 책을 출간했을 때인 1961년, 이미 그녀는 중년의 나이였다. 다음 해에는 보스턴 TV에서 요리 프로그램을 진행하며 수십 년간《굿모닝 아메리카(Good Morning America)》와 같은 프로그램에 출연해 대중들에게 친숙한 요리사가 되었다.

차일드가 요리를 통해 뜨거운 인기를 얻었음에도 불구하고, 미국 심리학자들은 요리에 대해 연구할 가치가 없다고 여겼다. 요리와 베이킹은 여성을 위한 단조로운 일이라 생각했기 때문이었다. 그러나 '몰입(Flow)' 개념을 창시한 미하이 칙센트미하이 박사(Dr. Mihaly Csikszentmihalyi)는 달랐다. 그는 20년이 넘는 기간 동안 1만 명 이상의 사람들의 일상을 조사하였고, 1990년에 자신이 조사한 결과를《몰입(Flow)》이라는 제목의 책으로 출간했다. 이 책에서 몰입을 경험하는 16가지의 가장 일반적인 일과 중 요리는 섹스, 사교활동, 수다, 식사, 스포츠, 쇼핑 다음으로 높은 7위에 이름을 올리고 있다. 또한 칙센트미하이 박사는《뉴욕타임스(New York Times)》와의 인터뷰에서 "나는 볼로네즈 소스를 만들기 위해 양파와 당근, 세 종류의 고기를 곱게 다진 후 아주 천천히 끓이는 데에 완전히 몰두한다. 요리에는 엄연히 질서와 통제가 존재하며, 유익하고 촉각을 자극하는 무언가가 있다."고 밝히기도 했다.

푸드 채널과 유명 셰프들의 인기 덕분에《월 스트리트 저널(Wall

Street Journal)》이나 《포브스(Forbes)》등의 정기 간행물에서도 요리에 대한 글이 자주 등장하고 있다. 요리가 정신 건강에 미치는 긍정적인 영향뿐만 아니라, 긍정 심리학 운동과 요리의 연관성 등에 대한 글들이다. 뉴욕 의과대학교의 토드 에식 박사(Dr. Todd Essig)는 '요리 마음 챙김(culinary mindfulness)'이라는 개념을 소개한 바 있다. 에식 박사는 "미국의 거대한 패스트푸드 산업이 우리의 음식을 대하는 자세를 좌우하지 않도록 건강을 위해 새로운 시각을 가지는 것이 중요하다."고 주장했다. TV를 보면서 아무 생각 없이 과자 같은 가공식품을 먹기보다는, 재료를 구매하고 준비하는 것부터 음식을 먹는 순간까지 모든 단계를 즐길 줄 알아야 한다는 것이다.

영국의 레즐리 헤일리(Lesley Haley)와 엘리자베스 맥케이(Elizabeth McKay)는 정신 병원에 입원한 환자들 중 작업 요법으로 베이킹을 하는 환자들을 인터뷰한 후, 베이킹의 장점 네 가지를 발견했다. 그리고 이를 《영국 작업 요법 저널(British Journal of Occupational Therapy)》에 발표했다. 이들이 제시한 베이킹의 네 가지 장점은 다음과 같다.

1 식사 준비라는 목적의식이 생긴다.
2 성취감을 느낀다.
3 작업 치료 프로그램에 대한 비판적 사고를 권장한다.

4 단체 베이킹을 통해 동지애와 소속감을 느낀다. 베이킹은 환자에게 강
   력한 동기를 부여하고 자신감을 길러준다.

요리와 베이킹은 분명 당신에게 많은 도움이 되어줄 것이다. 만
일 당신이 요리와 베이킹에 자신이 없다면, 이를 하나의 '모험'으로
생각하고 도전해보자.

주방에서 모험하기

요리가 꼭 복잡하거나 비용이 많이 들 필요는 없다. 우선 알맞은 도구를 준비하고 주방을 최대한 활용한다. 식사가 끝난 후 뒤처리를 하는 과정에서 너무 많은 도구들이 이리저리 나뒹구는 모습에 절망하고 싶지 않다면 요리하는 틈틈이 정리해두는 것이 좋다. 어떤 요리를 할 것인가? 요즘은 블로그나 요리책을 통해 쉽게 레시피를 구할 수 있다. 일단은 자신이 가장 좋아하는 요리의 레시피를 찾아서 좋아하는 요리부터 시작해 보자. 그리고 누군가를 초대해서 당신이 만든 음식을 함께 나누어 먹자. 음식을 좋아하는 사람으로서 초보자에게 조언하자면, 가장 쉽게 요리할 수 있는 것은 아침 식사다. 간단한 달걀 프라이만으로도 훌륭한 아침식사가 될 수 있기 때문이다.

쉬운 요리부터 도전해 요리의 세계를 모험하다보면 어느새 당신은 레시피를 찾고 재료를 준비하는 것부터 다른 사람들과 함께 식사하기까지의 과정을 즐기게 될 것이다.

직접 만들고 싶은 음식을 적어보세요.

주방에서 모험하기

요리가 꼭 복잡하거나 비용이 많이 들 필요는 없다. 우선 알맞은 도구를 준비하고 주방을 최대한 활용한다. 식사가 끝난 후 절망감을 느끼고 싶지 않다면 요리하는 틈틈이 정리해둔다. 요즘은 블로그나 요리책을 통해 쉽게 레시피를 구할 수 있기 때문에 자신이 가장 좋아하는 요리 레시피로 시작하는 것이 좋다. 누군가를 초대해서 당신이 만든 음식을 함께 나누어 먹자. 음식을 좋아하는 사람으로서 초보자에게 조언하자면, 가장 쉽게 요리할 수 있는 것은 아침 식사다.

창의성
Creativity

혁신의 아이콘으로 인정받는 스티브 잡스(Steve Jobs)는 "창의성은 서로 다른 것들을 연결하는 것"이라 설명한다. 애플의 공동 설립자였던 잡스가 다시 애플로 복귀하려던 시기인 1996년, 그는 잡지 《와이어드(Wired)》와의 인터뷰에서 다음과 같이 말한다. "창의적인 사람들에게 어떻게 그런 일을 했는지 물어보면 그들은 약간의 죄책감을 느낀다. 그들은 실제로 한 일이 없기 때문이다. 그저 무언가를 보고, 과거의 경험을 조합하여 새로운 것을 만들어 낼 뿐이다"라고. 잡스가 질문의 답을 교묘히 회피하거나 겸손하게 말한 것일 수도 있다. 하지만 그는 애플을 세계적으로 가장 부유하고 존경받는 기업으로 성장시킨 원동력이자 창의성의 표본 같은 인물로 평가받고 있다. 그리고 모든 경영인이 잡스처럼 혁신적인 사고방식을 가진 인재들을 찾고 있고, 코치나 트레이너들은 경영자, 엔지니어, 그 외 사람들에게 창의성을 더 발휘하는 방법을 가르친다. 기업의 채용 방식은 자주 바뀌지만 구글 같은 대기업들은 경쟁사보다 한 발 빨리 제2의 스티브 잡스를 발견해 채용하기 위해 애를 쓴다. 직원 면접을 볼 때 창의력 테스트를 적극적으로 활용하는 것이다.

경영분야에서 높이 평가받는 창의성에 대해 심리학자들은 어떻게 이야기할까? 50여 년 전, 조이 폴 길포드 박사(Dr. Joy Paul Guildford)는 창의성이 '확산적 사고(divergent thinking)'에 기초하며 다음과 같은 네 가지 역량으로 이루어진다고 주장했다.

1 유창성(fluency) : 다양한 아이디어와 해결책을 빨리 생각해낸다.

2 유연성(flexibility) : 특정한 문제에 대해 동시에 다양한 방식으로 접근한다.

3 독창성(originality) : 새로운 아이디어를 생각해낸다.

4 완성도(elaboration) : 아이디어를 실현하기 위해 체계화한다.

길포드 박사는 서던 캘리포니아대학교에 재직하는 동안 '고정관념에서 벗어나기(thinking outside the box)'라고 알려진 확산적 사고를 측정하는 테스트를 개발했다. 그가 개발한 테스트는 여전히 널리 사용되고 있다.

창의성 연구와 관련하여 최근 캘리포니아 대학교 데이비스캠퍼스의 딘 사이먼톤 박사(Dr. Dean Simonton)는 창의성을 빅 C 창의성(big C creativity)과 리틀 C 창의성(little c creativity)으로 구분하였다. 전자는 전화기 발명처럼 인류에 공헌하는 창의성이고, 후자는 더 빠른 출근길을 찾거나 새로운 일자리에 잘 적응하는 것 등과 같이 일상적인 문제 해결 능력을 의미한다. 사이먼톤 박사의 주장에 따르면 두 종류의 창의성은 같은 선상에 있으며 정도의 차이만 존재한다.

그렇다면 창의성도 학습할 수 있을까? 대답은 'Yes'이다. 과학적인 근거도 존재한다. 오클라호마대학교의 지나마리 스캇 리건 박사(Dr. Ginamarie Scott Ligon)와 동료들은 150개 이상의 훈련 프로그램을 살펴보았고, 그 결과 제대로 구성된 프로그램에서는 실제로 여러 환경에서 활용할 수 있는 기술과 장점을 얻을 수 있음을 밝혔다. 흥미롭게도 확산적 사고와 문제 해결 전략을 가르치는 프로그램들이 자기표현이나 형상화 연습을 가르치는 프로그램들보다 더 효과적이었다. 이 연구 결과는 창의성이 단순히 생각을 자유롭게 표현하는 것이 아니라 다르게 생각하는 법을 배우는 것이라는 길포드 박사의 견해를 뒷받침하고 있다.

창의적인 생각은 일의 성공뿐만 아니라 행복과도 연관되어 있다. 또한 약물 남용이나 우울증, 비만 등의 건강 문제와 직결되는 권태를 해결할 수 있는 효과적인 방법이 되어줄 수 있다. 실제로

버지니아 대학교의 티모시 윌슨 박사(Dr. Timothy Wilson)의 연구를 보면, 사람들은 빈방에서 아무것도 안 하고 혼자 15분 동안 앉아 있는 것보다 지겨운 일이라도 하는 것을, 심지어 자신에게 전기 충격을 가하는 행위라도 하는 것을 더 선호하고 있다는 결과를 보여주고 있다.

모든 사람들이 스티브 잡스가 될 수는 없다. 그러나 창의성은 학습되는 것이기 때문에, 당신도 노력한다면 얼마든지 창의적으로 생각하고 권태로부터 벗어나는 방법을 배울 수 있다.

흔한 물체에서 흔하지 않은 아이디어 떠올리기

확산적 사고 능력을 갖추고 싶다면 주위에서 흔히 볼 수 있는 물건을 선택해 그것을 얼마나 다양한 방법으로 사용할 수 있을지 생각해보자. 지금 당신의 목표는 고정 관념에서 벗어나 새로운 생각을 하는 것이다. 그러나 가장 특이한 사용법을 떠올려보자. 한 물건 당 15분 동안 생각해보고 날마다 새로운 물건을 선택해 특이한 사용법을 생각해보자.

가령 다음과 같은 물건에 대해 특이한 사용법을 떠올려볼 수 있다.

❶화분 ❷우산 ❸책 ❹연필 ❺고무줄 ❻모자 ❼클립

Creativity

창의성

지금 당신의 옆에 있는 물건의 가장 특이한
사용법을 생각해보세요.

흔한 물체에서 흔하지 않은 아이디어 떠올리기

확산적 사고 능력을 기르고 싶다면 주위에서 흔히 보이는 물체를 선택해 그것을 얼마나 다양한 방법으로 사용할 수 있을지 떠올려보자. 지금 우리의 목표는 고정 관념을 벗어나 사고하는 것이므로 가장 특이한 사용법을 생각해보자. 한 물건에 대해 15분 동안 생각해보자. 날마다 새로운 물건을 선택하여 이 방법을 반복해 보자.

호기심
Curiosity

당신의 관심사는 다양한 편인가? 아니면 몇 군데에만 집중되어 있는가? 당신은 낯선 장소를 탐험하는 것을 즐기는가? 직장에서 일이 익숙해지면 쉽게 지루함을 느끼는 편인가? 위의 질문은 모두 당신의 호기심을 알아보는 질문들이다.

'호기심'은 긍정 심리학뿐만 아니라 비즈니스, 교육, 예술, 과학 분야에 이르기까지 관심의 대상이 되어 왔다. 염색체 연구로 2009년에 노벨생리의학상을 받은 존스홉킨스대학교의 캐럴 그라이더 박사(Dr. Carol Greider)는 "새로운 발견은 전혀 예상하지 못한 곳에서 나타난다. 호기심에서 시작한 연구로 예기치 않게 인간의 건강에 중요한 발견을 할 수 있었다."라고 말했다.

마리 퀴리(Marie Curie), 토마스 에디슨(Thomas Edison) 등 역사적으로

도 수많은 발명가와 과학자들이 호기심이 혁신에 매우 중요한 역할을 한다고 강조했다. 오늘날 가장 저명한 영화감독 중의 한 명인 스티븐 스필버그(Steven Spielberg)는 졸업식 축사에서 "우리가 가질 수 있는 가장 위대한 자질은 세상을 향한 진정한 관심이자 호기심이다. 우리가 가장 자주 쓰는 단어는 무엇일까? 나는 아이를 다섯 명이나 키워봤기 때문에 잘 안다. 바로 '왜?'이다. 이 간단한 질문과 이렇게 기본적인 호기심에서 위대한 행동이 나오는 것이다."라고 말하며 호기심이라는 자질의 중요성을 강조하기도 했다.

호기심은 집중력 같은 다른 특성들과 분리하기 힘든 자질이었기 때문에 호기심 자체를 하나의 연구 대상으로 인식하기가 어려웠다. 그러나 2000년대 초부터 심리학자들에 의해 호기심이 하나의 특성으로 인정받고 연구되기 시작했다. 조지메이슨대학교의 토드 카시단 박사(Dr. Todd Kashdan)의 연구가 대표적이다. 호기심 분야의 연구에 있어서 선구자로 불리는 카시단 박사는 호기심을 측정하기 위해 과학적 스케일을 개발하고 다양한 실험에 적용할 수 있도록 앞장섰다. 그리고 카시단 박사는 호기심 측정 스케일에서 고득점자가 저득점자보다 더 장난기가 많고, 재치 있으며, 낯선 이성과 점수를 받은 사람이 낮은 점수를 받은 사람보다 더 장난기가 많고 재치가 있으며 감정적인 유대감을 더 잘 형성한다는 사실을 발견했다. 또한 호기심이 많은 사람들은 대화 중 상대방의 말에 더 집중하는 모습을 보였다. 이는 연애를 시작할 때 호기심이 연애 성공에 유리한 이점으로 작용할 수 있음을 의미한다. 최근 카시단 박사의 연구팀은 호기심이 많은 사람이 그렇지 않은 사람보다 애인에게 감정적으로 덜 공격적인 성향을 보인다는 사실을 발견했다. 그리고 호기심이 많은 사람이 덜 이기적이고 방어적이기 때문에 이러한 결과가 나오는 것으로 추측했다.

캘리포니아 대학교 데이비스캠퍼스의 차란 란가나스 박사(Dr. Charan Ranganath)와 동료들이 《뉴런(Neuron)》에 발표한 연구결과에 따르면, 호기심은 인지 능력에도 도움이 된다. 란가나스 박사 연구팀은 실험 참가자들에게 'dinosaur(공룡)'라는 용어가 실제로 의미하는 것은 무엇인가? 비틀스의 앨범 중 차트에 가장 오래 남아 있었던 싱글 앨범은 무엇인가?와 같은 문제 100개 정도를 살펴보게 했다. 그리고 문제의 답을 궁금해 하는 정도에 따라 등급을 매기게 하였다. 실험이 진행되는 동안 연구원들은 MRI 기계로 참가자들의 뇌 활성도를 측정하며 각 질문을 다시 읽게 하고 답을 보여주기 전 잠깐 동안 문제와 전혀 상관없는 얼굴 사진을 보여주었다. 그 후 참가자들이 얼마나 문제의 답과 보여준 사진의 얼굴을 잘 기억해내고, 오래 기억하는지를 테스트했다. 실험 결과, 참가자가 호기심을 가졌던 질문일수록 답뿐만 아니라 앞서 보여준 관계없는 사진의 얼굴도 더 잘 기억해낸다는 사실이 발견했다. 하루가 지난 후에도 결과는 마찬가지였다.

어떤 이유에서든 호기심은 학습과 장기 기억을 위한 두뇌 관리에 긍정적인 영향을 준다. 그리고 학습에서의 효율이 높아지거나, 오래 기억할 수 있는 두뇌를 갖는 것은, 당신이 일상생활 혹은 직장 생활에서 느끼는 권태에서 벗어나 삶의 활력이 되는 새로운 무언가를 발견해낼 수 있는 가능성을 높여줄 것이다.

권태감 날려 보내기

당신이 한 번도 방문한 적 없는 나라 중 가장 궁금한 나라를 선택해보자. 그 후 3주 동안 그 나라의 역사와 문화를 공부한다. 전통 음악, 예술, 요리, 산업, 정치, 자연환경뿐만 아니라 현재 그 나라에서 유행하고 있는 문화에 대해서도 알아보자. 인터넷 검색을 통해 관심 가는 주제를 노트에 적어두거나 파일에 저장해두자. 위와 같은 과정을 반복하면 새로운 지식도 쌓고 새로운 관심사도 떠오를 것이다. 공부가 끝나면 그 나라를 여행하고 싶은지 결정하고, 만일 그 나라로 떠나게 된다면 그곳에서 무엇을 보고, 경험하고 싶은지 생각해보자.

춤
Dancing

춤이 행복의 상징이자 행복을 위한 처방약이 될 수 있을까? 이는 미국 할리우드에서 리메이크될 정도로 유명했던 90년대 일본 영화 《쉘 위 댄스(Shall We Dance)?》가 세상을 향해 던졌던 메시지였다. 영화의 주인공인 쇼헤이 스기야마는 아내와 딸을 둔 도쿄의 성공한 회계사였지만 삶의 낙이 없었다. 그의 우울증과 무기력증은 가족들이 걱정할 정도로 악화되었다. 유일하게 그가 하고 싶어 한 것이 바로 춤이었다. 그러나 당시 일본 사회에서 중년 남성이 춤 교습을 받는 일은 일반적인 일이 아니었다. 스기야마는 몰래 사교댄스를 배우러 다녔고, 그로 인해 다시 행복해졌으며 가족들 역시 활기를 되찾을 수 있었다. 일본 영화에서 사교댄스는 낯선 주제였지만, 많은 관객의 심금을 울렸다.

춤이 가진 놀라운 효과는 오래전부터 다양한 문화와 종교에서 언급되어 왔다. 터키와 중앙아시아의 데르비시부터 북아메리카 원주민의 샤머니즘에 이르기까지 춤은 인간에게 영감을 주는 신성한 행위로 받아들여졌다. 그러나 알프레드 아들러가 고통 받던 유명한 발레리노 바슬라프 니진스키를 치료해 준 정도가 전부일 정도로 심리학의 창시자들 중 어느 누구도 춤에 관심이 없었다. 때문에 1966년이 되어서야 춤을 심리치료와 연계한 전문 기관으로는 처음으로 '미국무용치료협회'가 설립되었다. 미국무용치료협회는 개인의 감정적 · 인지적 · 신체적 · 사회적 조화를 장려하는 것을 목표로 하고 있다. 그리고 우울증이나 치매를 앓는 성인들을 치료하기 위해 춤과 운동 테라피를 활용한다. 최근에는 자폐증이나 학습 장애가 있는 아동이나 10대 아이들에게도 춤과 운동 테라피를 활용하고 있다. 무용치료 분야의 전문가인 안티오크 대학교의 크리스티나 데버루 박사(Dr. Christina Devereaux)는 "자폐증 환자가 춤과 운동 테라피를 받았을 때 가장 좋은 점은 대인관계를 형성하며 사회적 유대관계에서 긍정적인 결과를 보인다는 것"이라 설명한 바 있다.

이처럼 춤이 아픈 사람들에게 도움이 된다는 사실은 알려져 있지만, 일반적인 개인의 행복에도 도움을 줄 수 있을까? 독일 괴테 대학교의 신시아 무르시아 박사(Dr. Cynthia Murcia)와 동료들의 연구에서 그 해답을 찾을 수 있다. 이 연구팀은 475명의 아마추어 댄

서들의 자료를 분석해 그 결과를《아트 앤드 헬스(Arts & Health)》를 통해 발표했다. 연구 대상자들의 대다수는 한 장르 이상의 춤을 추었고, 매달 평균 18시간을 춤에 할애하고 있었다. 이들은 포크 댄스를 가장 좋아했고, 다음으로 사교댄스와 디스코를 좋아한다고 응답했다. 분석 결과, 대상자들은 춤을 통해 자신감이 높아지고 일상에서 오는 스트레스도 더 잘 대처할 수 있게 되었으며, 전반적으로 감정적·신체적·사회적·정신적인 면에서 긍정적인 효과를 얻었다. 그리고 춤 연습에 더 많은 시간을 투자할수록 더 큰 효과를 얻는 것으로 나타났다. 단체 합창의 효과를 연구했던 스티븐 클리프트(Stephen Clift)와 그렌빌 한콕스(Grenville Hancox)의 연구에서처럼 여성이 남성보다 춤을 통해 더 큰 긍정적인 효과를 얻는다는 결과가 제시되었다.

그렇다면 춤의 종류에 따라 춤을 통해 얻을 수 있는 효과도 달라질까? 춤의 종류에 따른 효과를 뒷받침하는 과학적 근거는 명확하지 않다. 다만 무르시아 박사는 자신의 또 다른 연구를 통해 22명의 탱고 댄서가 파트너와 춤을 춘 후 스트레스 호르몬 레벨이 가장 낮으며 느긋하다는 사실을 발견했다. 탱고의 효과에 대해서는 호주 뉴잉글랜드대학교의 로사 피니거 박사(Dr. Rosa Pinniger)가 국제적인 학술지인《대체의학회지(Complementary Therapies in Medicine)》에 게재한 논문에서도 언급된다. 피니거 박사는 6주 동안 탱고 수업에 참여한 남성과 여성이 통제 집단이나 일반적인 마음 챙김 훈련 수업에 참여한 사람들보다 마음 챙김 지수가 더 높았다고 보고하였다.

이러한 연구 결과들은 춤이 얼마든지 당신을 행복하게 만들 수 있는 가치 있는 것임을 알려주고 있다. 행복해지고 싶은 당신, 춤을 배워보는 것도 방법이다.

댄스 수업 듣기

댄스 수업을 듣고 싶다면, 댄스 학교나 댄스 스튜디오, 헬스클럽, 레크리에이션 센터, YMCA, 종교 기관 등에서 제공하는 수업의 정보를 찾아보자. 먼저 발레나 포크댄스, 벨리댄스 등 자신이 평소 관심이 있거나 조금이라도 해본 적이 있는 춤의 장르를 선택한다. 장르를 선택한 후에는 다양한 장소를 방문해 해당 장르 수업이 어떻게 이루어지는지 그 분위기를 살펴본다. 마음에 드는 곳을 찾았다면 강사를 만나 비용이나 등록 절차 등에 대해 확인한다. 수업 등록 후에는 수업에 적합한 복장을 갖춘다.

단, 자신에게 꼭 맞는 춤을 찾기 전까지 다양한 장르의 수업을 들어보는 것이 좋다.

예술 활동
Doing Art

미술사를 살펴볼 때 미켈란젤로(Michelangelo)처럼 뛰어난 예술 재능을 보여준 사람은 그리 많지 않다. 그리고 미켈란젤로는 "진정한 예술 작품도 신의 완전함의 그림자일 뿐이다."라고 말을 했다. 대대로 철학자들은 예술을 자기표현의 수단으로 여겼다. 실제로 19세기 근대 심리학의 시초를 이끌었던 사상가들은, 예술 자체에 매료되었을 뿐만 아니라 즐거움을 얻기 위해 예술 활동에 적극적으로 참여했다.

젊은 시절의 윌리엄 제임스(William James)는 1861년에 하버드대학교에서 의료 교육을 받기 전까지 뉴잉글랜드와 유럽에서 열정적으로 그림 공부를 했다. 그는 당시 초상화와 정물화에서 모두 두각을 나타냈다. 이후 동식물 학자 루이 아가시즈(Louis Agassiz)와의 브라질 여행을 계기로 정물화가 두드러지는 경향을 보였다.

칼 융(Carl Jung)이 30대 후반의 정신과 의사로 일할 당시, 프로이트와의 관계가 틀어진 시점의 칼 융은 감정적 안정을 되찾기 위해 그림을 그린 것으로 알려져 있다. 최근 출판된 《레드 북(The Red Book)》*을 보면 강렬하고 선명한 색으로 그린 신화적 이미지가 생생하게 담겨져 있다. 융에게 있어 예술은 치유와 성장에 꼭 필요한 존재였던 것이다.

일생에 걸친 성격 발달 이론을 정립하는데 기여한 에릭 에릭슨(Erik Erikson)도 예술에 매료된 학자였다. 1920년대 중반 독일의 한 고등학교를 졸업한 에릭슨은 생계를 위해 그림을 팔거나 물물교환을 유럽을 방랑하다 예술 학교에 입학했다. 아이들에게 미술을 가르치던 에릭슨은 안나 프로이트의 눈에 띄어, 그녀의 아버지인 지그문트 프로이트와 만나게 된다. 에릭슨은 예술에 대해 명쾌하게 정의하지 않았지만, 아이들 특유의 창의적인 명랑함은 나이에 상관없이 배워야 할 부분이라 주장하였고, 예술 작품을 중요한 치료 도구로 여겼다.

실존 심리학(existential psychology)의 창시자인 롤로 메이(Rollo May)도 예술가를 꿈꾸었던 인물이었다. 비록 예술가라는 꿈을 이루지는

---

* 융은 라틴어 명명법에 따라 《레드 북The Red Book》을 'Liver Novus(새로운 책)'이라 불렀다.

못했지만 창작 과정에 대한 관심은 평생 간직했다. 메이는 자신의 마지막 저서인 《아름다움을 향한 나의 탐구(My Quest for Beauty)》에서 "창세기에 신이 혼돈 속에서 형태를 창조했듯, 예술가들은 스스로 혼란 속에 빠지길 좋아한다."고 언급하며 미학이 어떻게 자기실현을 위한 구원의 힘이 되었는지를 기술하였다. 또 다른 저서인 《창조를 위한 용기(The Courage to Create)》에서는 "뻔하고 무감각하며 진부한 일에 절대 만족하지 않는 사람은 항상 새로운 세상으로 나아간다."고 표현하며 창작의 중요성을 강조하였다. 이와 같은 연장선상에서 몰입의 개념을 창시한 심리학자 미하이 칙센트미하이가 젊은 시절 예술의 매력에 푹 빠져 전시 관람을 몰두하는 유익한 방법으로 여긴 것도 우연은 아닐 것이다.

수십 년간 해당 분야의 주요 전문 기관인 미국 미술치료학회는 과거 예술이 장애나 정신질환을 치료하는 데 활용되었던 것에서 벗어나, 예술을 행복 증진에 활용해야 한다고 강조하고 있다. 레베카 윌킨슨(Rebecca Wilkinson)과 조이아 칠튼(Gioia Chilton)이 2013년에 미국 미술치료학회 학술지에 게재한 논문을 보면 '긍정 아트 테라피(positive art therapy)'라는 새로운 치료법이 등장한다. 긍정 아트 테라피는 예술 활동을 통해 희망, 기쁨, 사랑 등과 같이 행복이 넘치는 긍정적인 감정을 촉진하는 치료법이다.

이처럼 많은 심리학자들이 예술에 관심을 가졌고, 예술이 인간의 마음을 치료하는 동시에 긍정적인 효과가 있을 수 있음을 규명하고 있다. 당신 역시 예외는 아니다. 현재의 당신이 부정적인 감정으로 고통 받고 있다면, 예술을 경험하는 것 자체가 당신의 고통을 줄여줄 것이다. 예술은 거창하거나 복잡하지 않다. 그림물감과 붓, 도화지 등의 간단한 재료만 준비하면 되는 수채화처럼 쉽게 경험할 수 있는 예술을 통해, 자유롭게 당신의 생각과 느낌을 그려보자.

수채화 그리기

그림물감으로 그림을 그리면 마음도 느긋해지지만 물감이 섞여 어떤 색감과 효과를 낼지 기대하는 재미도 있다. 우선 물감에 물을 섞은 다음 붓을 잡아보자. 물감은 건조되기 전에 더 짙어 보이기 때문에 별도의 종이에 색을 먼저 테스트해본다. 이왕이면 섬세한 붓 자국을 남길 수 있는 좋은 붓을 사용해보자. 수채화용 도화지는 그 두께나 재질이 천차만별이기 때문에 다양한 시도를 할 수 있다.

꿈
Dreams

꿈이 신비롭다고 생각했거나, 꿈에서 영감을 얻거나, 혹은 꿈으로 두려움을 느꼈던 적이 있는가? 이러한 경험은 당신 혼자만의 경험은 아닐 것이다. 꿈은 누구에게나 열려 있으며, 누구나 꿀 수 있는 것이기 때문이다.

역사상 거의 모든 사람들이 꿈을 행복의 근원으로 여겨왔다.

고대 그리스인들은 의술의 신인 아스클레피오스를 위해 300개 이상의 신전을 지었고, 그 신전을 찾는 이들은 행복한 꿈을 꾸기 위해 신에게 기도를 올리는 성스러운 의식에 참석하기 위해 먼 길을 떠나는 것을 마다하지 않았다. 동양에서는 고요하고 평화로운 장소에 꿈을 꾸게 해주는 사원(dream-incubation temples)을 세웠다. 북아메리카의 원주민 부족들은 꿈이 신성한 길잡이 역할을 할 수 있게 해주는 원천이라 여겼다. 그래서 주술사들은 홀로 먼 황야에 들어가 식음을 전폐하고 원주민들에게 전할 힘과 지식의 꿈을 꾸게 해 달라고 신에게 빌곤 했다. 유대인의 숭고한 성전에는 요셉과 다니엘의 이야기처럼 꿈이 가진 예지력에 대한 언급이 종종 등장한다.

수 세기 후 카발리스트(히브리 신비철학자)들은 꿈꾸는 행위를 자기 인식의 방법으로 여기고 특정한 이미지에 상징적 중요성을 부여했다. 랍비(유대교의 율법교사)이자 의사였던 솔로몬 알모리는 1515년에 그리스에서 출판한 자신의 저서 《꿈의 해석Pitron Halomot(Interpretation of Dreams)》에서 "꿈은 해석을 할 때만 진정한 의미를 가진다. 해석되지 않은 꿈은 무익하다."고 기술하였다.

이처럼 꿈과 관련한 선조들의 지혜와 직관은, 산업 시대의 도래와 함께 차츰 사람들의 생각 속에서 사라져갔다. 때문에 지그문트 프로이트가 꿈에 대한 정보를 담고 있는 의학 보고서를 찾으려 했지만 어떤 글에서도 꿈을 주제로 한 내용을 찾을 수 없었던 것이었다. 또한 프로이트의 동료들은 대부분 꿈에 대해 진지하게 고민할 가치가 없는 단순한 미신으로 치부하곤 했다. 실제로 1899년 프로이트의 대표작 《꿈의 해석(Interpretation of Dreams)》이 출판되었을 때, 많은 사람들은 그를 향해 조소를 쏟아냈다. 수년에 걸쳐 꿈과 인간의 연관성을 연구한 프로이트의 노력은 마치 미치광이의 헛소리처럼 무시당하고 말았던 것이다.

그러나 프로이트가 꿈을 시작으로 정신 분석에 많은 시간을 들였던 노력은 결코 헛된 것이 아니었다. 비록 심리적 체계를 형성하는데 있어서 성욕을 강조하는 프로이트와 다른 견해를 가지고 있었지만 알프레드 아들러(Alfred Adler), 칼 융(Gustav Jung), 시어도르 라이크(Theodore Reik) 등의 동료들은 꿈이 무의식으로 가는 지름길이라는 프로이트의 주장에는 동의하였다. 그리고 각기 다른 방식으로 꿈을 분석해나가기 시작했다. 아들러는 힘에 관한 메시지로 꿈을 분석했고, 융은 영적 각성을 연구했으며, 라이크는 창조적 표현을 찾으려 고심했다.

심리학자들은 꿈이 인간의 무의식을 반영한 것이라 여기고 꿈을 해석하려고 하였다. 그들에게 꿈을 해석하는 것은, 꿈이 무엇을 의미하는지를 알기 위한 것이 아니라 꿈을 꾸는 사람의 내면에서 어떤 일이 일어나고 있는지를 제대로 이해하기 위한 일이었다. 나아가 그들은 꿈을 꾸는 인간의 내면을 이해함으로써 자아인식을 확장할 수 있으리라 여겼다.

자신이 꾼 꿈을 기록하고 이해하는 경험은, 자아인식에 긍정적인 효과를 불러올 수 있는 의미 있는 경험이 되어줄 수 있는 것이다.

꿈의 세계 탐험하기

꿈을 날마다 기록하려면 침대 옆에 노트 한 권을 준비해두고 잔다. 잠에서 깨자마자 곧바로 노트에 기록한다. 몇 분만 지나도 기억이 희미해질 수 있다. 날짜를 표시하고 생생함을 위해 현재형으로 기록한다(나는 달리기 경주를 하고 있다). 꿈에서 깼을 때 기분이 어땠는지도 적어보자. 모든 꿈을 다 공유할 필요는 없지만 파트너가 있다면 동기 부여도 되고 꿈을 해석하는 데 도움이 되기도 한다.

{ *Dreams* }

꿈

최근 기억에 남은 꿈이 무엇인지 적어보세요.

꿈의 세계 탐험하기

꿈을 날마다 기록하려면 침대 옆에 노트 한 권을 준비해두고 잔다. 잠에서 깨자마자 곧바로 노트에 기록한다. 몇 분만 지나도 기억이 희미해질 수 있다. 날짜를 표시하고 생생함을 위해 현재형으로 기록한다 (나는 달리기 경주를 하고 있다). 꿈에서 깼을 때 기분이 어땠는지도 적어보자. 모든 꿈을 다 공유할 필요는 없지만 파트너가 있다면 동기 부여도 되고 꿈을 해석하는 데 도움이 되기도 한다.

공감
Empathy

당신은 타인의 감정을 쉽게 이해하는가? 남의 이야기를 잘 들어준다는 말을 들어본 적 있는가? 당신의 기분이 변하듯 누군가의 기분도 바뀌는 것을 느낄 수 있는가? 그렇다면 당신은 공감 능력이 아주 뛰어난 사람이다. 공감은 타고난 재능으로, 당신이 평생 사는 동안 도움이 되어줄 수 있다. 긍정 심리학에서는 공감 능력을 행복하고 성공적인 삶을 살기 위해 꼭 필요한 자질로 여긴다. 연구 결과에 따르면 공감 능력은 친구와의 우정, 가족 간의 우애, 애인과의 사랑을 더욱 돈독하게 해줄 뿐만 아니라 업무 성취도도 향상시킨다. 공감 능력이 부족하면 동료나 고객을 어떻게 설득해야할지 모르기 때문에 공감 능력과 업무 능력과의 관계는 충분히 타당하게 설명된다.

옥스퍼드대학교의 리처드 도킨스(Richard Dawkins)는 "모든 사람은 이기적 유전자를 가지고 태어난다."고 주장했다. 그러나 최근의 연구 결과들은 도킨스의 이론과 큰 차이를 보이고 있다. 오늘날 많은 진화론적 과학자들은 인간이 생존하고 번영할 수 있었던 이유가 탐욕이나 이기심이 아니라 이타심이나 공감 능력 같은 타고난 긍정적인 감정 때문이라고 주장한다. 이들은 인간의 어두운 면을 강조하는 프로이트의 이론에도 반대하는 입장을 취하고 있다.

아기는 매일 자신을 보살펴주고 키워주는 어른이 없다면 살아남지 못한다. 오스트리아의 의사인 알프레드 아들러는 75년 전부터 보호자인 부모의 역할을 강조해왔다. 아이들의 공감 능력은 가르치고 길들지 않으면 결국 약해지며, 유아기의 여자아이들이 남자아이들보다 공감 능력이 뛰어난 것은 명백한 사실이다. 그러나 성별과 관계없이 긍정적인 책이나 영화를 통해 얼마든지 공감 능력을 강화할 수 있다. 퍼모나대학의 제시카 스턴 박사(Dr. Jessica Stern)의 연구 결과에 따르면, "너 오늘 슬퍼 보이는구나. 학교에서 무슨 일 있었니?" 등과 같이 자녀에게 공감 능력을 보여주는 부모들이 자녀의 공감 능력을 더 강하게 만들어줄 가능성이 높다.

공감 능력이 지나치게 높은 사람도 있을까? 정신과 의사로서의 내 경험에 비추어보면 대답은 'Yes'이다. 어떤 사람들은 자기도 모르는 사이에 감정 스펀지처럼 슬프거나 고통스러운 사람의 감정을 그대로 흡수하고 내면에 담아둔다. 남을 돕는 직업을 가진 사람 중 공감 능력이 뛰어난 사람은 감정을 다시 회복하는 방법을 배워야 한다. 첫 번째 방법은 클라이언트와 자신 사이에 뚜렷한 경계선을 긋는 것이고, 두 번째 방법은 재충전을 위해 감정을 차단하는 시간을 마련하는 것이다.

하지만 대부분의 사람들은 정반대의 문제를 가지고 있다. 많은 사람들이 공감 능력의 부족으로 대가를 치른다. 우리가 충분히 공감하지 못할 때 우정, 가족 관계, 사랑 모두 위태로워진다. 최근의 연구 결과를 보면 파트너 사이의 공감도와 연애 만족도 사이에 확실한 연관성이 존재한다.

고대 탈무드에도 "두 사람이 서로 참을성 있게 귀 기울여 주면 신도 그들의 말에 귀 기울일 것이다."라는 글귀가 적혀 있는데, 이는 타인에게 공감하는 태도를 보일 때 종교 생활에도 도움이 된다는 의미이다.

알버트 아인슈타인도 유사한 세계관을 표현한 바 있다. 그는 고립된 자아를 감옥에 비유해 "우리의 임무는 모든 생명체와 자연을 끌어안아 연민의 정을 넓혀 우리 자신을 자유롭게 하는 것이다."라고 언급하였다. 그러나 공감 능력에 대해 가장 잘 표현한 사람은 심리학자 칼 로저스(Carl Rogers)일 것이다. 그는 공감 능력에 대해 "누군가가 자신의 이야기를 진심으로 들어준다고 느끼면 기쁜 마음에 눈물이 글썽한다. 마치 '정말 다행이야. 누군가가 내 말을 들어줬어. 내 마음이 어떤지 이해하는 사람이 있구나'라고 말하는 것이다."라고 표현했다.

그렇다면 공감 능력은 어떻게 쌓을 수 있을까? 정해진 정답은 없지만, 당신이 상대방과 친밀해지는 것에서부터 공감이 시작된다.

친밀감 쌓기

지난날을 되돌아보고 친구의 공감 어린 말 한마디나 눈빛 덕분에 당신의 기분이 나아졌던 적이 있는지를 떠올려보자. 그리고 당신이 타인에게 공감을 표현함으로써 도움을 줬던 적이 있는지도 생각해보자. 마지막으로 어떤 하루를 선택해 의식적으로 모든 대화에서 공감 능력을 더 발휘해보고 어떤 결과가 발생하는지 살펴보자. 이러한 과정들은 당신이 누군가에게 공감하고, 그 공감을 통해 무엇을 얻을 수 있는지를 깨닫게 해줄 것이다.

공감

친구의 공감 어린 말 한마디나 눈빛으로
당신의 기분이 나아졌던 적이 있는지 적어보세요.

공감의 위대함

긍정 심리학에서는 공감 능력을 행복하고 성공적인 삶을 살기 위해 꼭 필요한 자질로 여긴다. 연구 결과에 따르면 공감 능력은 친구와의 우정, 가족 간의 우애, 애인과의 사랑을 더욱 돈독하게 해줄 뿐만 아니라 업무 성취도도 향상시킨다.

설명 방식
Explanatory Style

뉴욕에서 태어난 이민자의 아들이었던 제롬 컨(Jerome Kern)과 조지 드실바(George DeSylva)는 1919년에 "희망 한 줄기를 찾으라(Look For the Silver Lining)"는 곡을 선보였다. 컨이 작곡하고 드실바가 가사를 붙인 곡이다. 이들은 삶을 향한 낙관적인 태도를 노래를 통해 표현했다. 3,000만 명 이상의 사상자를 남기며 역사상 가장 참혹한 전쟁이었던 1차 세계대전이 끝난 시기에, 이들은 노래를 통해 밝고 긍정적인 멜로디에 항상 인생의 밝은 면을 찾고 구름 뒤에 가려진 황금빛 한 줄기를 찾으라고 조언했다. 혹자는 세상 물정 모르는 순수한 미국인 특유의 시각이라 비난하기도 하지만 사실 이들의 가사는 긍정 심리학에 근거하고 있으며, 긍정적인 설명 방식이라 할 수 있다.

우리가 경험한 나쁜 일을 해석하는 설명 방식(explanatory style)은 정신적·육체적 건강에 중요한 영향을 미친다. 긍정적인 설명 방식의 중요성을 강조한 대표적인 인물로 펜실베이니아대학교의 마틴 셀리그만 박사(Dr. Martin Seligman)를 꼽을 수 있다. 그는 1980년대 중반 메이저리그 야구 선수와 감독들의 설명 방식을 연구하였다. 지역 신문에 보도된 선수와 감독들의 공개 발언을 분석한 결과, 낙관적인 팀은 과거 전적보다 더 좋은 성적을 거뒀지만 비관적인 팀은 과거 전적보다 나쁜 성적을 낸 것으로 나타났다. 같은 시기에 전미농구협회(NBA)의 선수와 감독을 대상으로 한 연구에서도 비슷한 결과가 나왔다. 선수 개인과 팀별로 측정할 수 있는 설명 방식이 존재하고 있었으며, 셀리그만 박사는 선수들의 운동 능력을 모른 채 그들의 설명 방식만으로도 승리를 예상할 수 있다고 믿었다. 어떻게 이러한 예상이 가능한 것일까? 경기장에서의 성공은 선수의 낙관적인 태도와 관계가 있었고, 실패는 비관적인 태도와 연결 지을 수 있었기 때문이다.

이후 셀리그만 박사의 연구팀은 비관적인 설명 방식이 신체 질병의 주요 위험 요인이 된다는 사실도 밝혀냈다. 제2차 세계대전 당시 하버드대학교 학생들의 신체적·정신적 건강 데이터를 연구한 결과, 설명 방식이 30~60세의 건강 상태에도 영향을 주는 것으로 나타난 것이다. 젊은 시절 비관적이었던 학생들은 긍정적이었던 학생들보다 나이가 들어서 건강 상태가 좋지 않을 확률이 훨씬 높았다.

셀리그만 박사에 따르면, 설명 방식에는 다음과 같은 세 가지 특징이 있다.

1 영구성(Permanence) : 고통스러운 상황이 계속 지속한다고 믿는가? 아니면 일시적인 현상이라고 생각하는가? 어떤 사람은 실직이나 이혼을 겪을 때 받는 스트레스가 영원할 것 같다고 느끼지만 어떤 사람은 같은 상황이라도 일시적인 현상일 뿐이라고 받아들인다.

2 침투성(Pervasiveness) : 이 불편한 상황이 당신의 모든 일에 영향을 미치도록 내버려 두는가? 아니면 특정한 일로 선을 긋는가? 한 필수 과목에서 낙제를 받고 모든 것을 다 포기하는 학생도 있지만, 단순히 다른 전공으로 바꿀지 고민하는 학생도 있다.

3 개인화(Personalization) : 모든 상황의 문제를 자기 탓으로 여기는가? 아니면 타인에게 책임을 전가하는가? 일이 잘못될 때마다 자책하는 행동은 심리적인 건강에 이롭지 않다.

조각가 오귀스트 로댕(Auguste Rodin)은 자신의 유능한 제자였던 말비나 호프만(Malvina Hoffman)에게 "경험을 현명하게 활용한다면 이 세상에 시간 낭비인 일은 하나도 없다."고 말한 적이 있다. 이처럼 당신이 경험한 나쁜 일들이 모두 당신에게 부정적인 영향을 미치는 것은 아니다. 아무리 나쁘고 고통스러운 경험이라도 그 경험을 어떻게 설명하고 활용하느냐에 따라 오히려 긍정적인 영향을 가져올 수 있다.

당신이 과거의 잘못이나 실수로부터 배우려는 자세를 가진다면, 당신은 실패의 경험을 바탕으로 성공으로 나아갈 수 있다.

과거에서 배우기

결과적으로 당신에게 좋지 않게 끝났던 일 중 여전히 자책하는 일을 한 가지 떠올려 보자. 휴가가 될 수도 있고 학교 수업, 직장, 우정, 연인 관계도 될 수 있다. 습관적인 자기 대화방식을 의식적으로 바꾸며 실패의 경험을 다시 이야기해본다.

첫째, 이 사건은 이미 일어났고 더 이상 일어나지 않는다고 말한다. 둘째, 이 일은 인생에 극히 일부일 뿐이라는 사실을 깨닫는다. 마지막으로 이 사건이 일어난 데 책임이 있는 사람이나 상황을 찾아 이것은 100% 자신의 잘못이 아니라는 사실을 인정하면 기분이 훨씬 나아질 것이다.

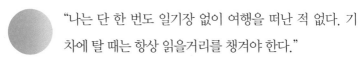

표현적 글쓰기
Expressive Writing

"나는 단 한 번도 일기장 없이 여행을 떠난 적 없다. 기차에 탈 때는 항상 읽을거리를 챙겨야 한다."

이 말은 작가 오스카 와일드(Oscar Wilde)가 남긴 유명한 말이다. 와일드처럼 극적인 인생을 산 사람은 많지 않겠지만, 오늘날 긍정심리학자들은 와일드가 일기를 향해 가졌던 애정을 중요하게 해석한다. 글재주와 상관없이 '표현적 글쓰기(expressive writing)'라고 알려진 이 행위는 개인의 행복을 위해 꼭 필요한 수단으로써 인정받고 있다.

표현적 글쓰기의 창시자는 융 심리학(Jungian psychology)에 대한 논문을 쓴 뉴욕의 심리치료사인 이라 프로고프 박사(Dr. Ira Progoff)다. 1951년에 완성된 프로고프 박사의 논문은 칼 융에게 깊은 인상을 남겼고, 융은 그를 스위스로 초대해 함께 연구하자고 제안했다. 융과 함께 보낸 시간은 프로고프 박사에게 큰 영향을 미쳤으며, 이후 프로고프 박사는 뉴저지의 드루 대학교에서 사람들이 더 성취감을 느끼며 살아가는 방법을 연구하기 시작했다. 그는 일기나 글을 쓰는 사람들은 그렇지 않은 사람보다 감정적인 문제를 훨씬 더 빨리 해결한다는 사실을 발견했다. 그 결과를 바탕으로 프로고프 박사는 1960년대 중반 '집중 저널 치료법(Intensive Journal Method)'을 소개했다. 워크숍이나 책을 통해 널리 알려진 이 기법은 자신의 인생에 대한 글쓰기를 돕는 터닝 포인트와 꿈, 내적 대화 등을 포함한 16가지 부분으로 구성되어 있었다.

텍사스대학교의 제임스 페니베이커 박사(Dr. James Pennebaker)는 무려 25년이 넘는 긴 시간 동안 표현적 글쓰기의 효과에 대해 연구한 인물이다. 페니베이커 박사의 첫 번째 저서인 《털어놓기와 건강(Opening Up: The Healing Power of Expressing Emotions)》을 보면, 글쓰기가 특히 수치심이나 굴욕감을 숨기고 표출하지 않으며 트라우마로 고통받는 사람들에게 효과적이라고 강조하고 있다. 또한 페니베이커 박사는 글쓰기가 이혼이나 실직처럼 고통스러운 인생 경험을 극복하는 데에도 도움이 된다는 결과도 제시했다. 한 인터뷰에서는 "격변하는 감정은 우리 삶의 모든 부분에 영향을 준다. 단순히 직업을 잃고 이혼을 하는 것이 아니다. 이런 일들은 재정 상태, 타인과의 인간관계, 자신을 보는 시각 등 모든 면에 영향을 미친다. 글쓰기는 우리가 경험에 집중하고 정리할 수 있도록 돕는다."라고 밝히기도 했다.

페니베이커 박사는 고통스러운 경험에 대해 글을 쓰는 행동이 이야기하는 것보다 회복에 더 효과적이라고 주장한다. 글을 쓰기 위해서는 머릿속에 있는 생각을 조리 있게 정리해야 하기 때문에, 글쓰기가 사건으로부터 감정적인 거리를 두고 제대로 이해하도록 도와준다는 것이다. 지그문트 프로이트가 처음 발견한 것처럼 충격적인 사건을 머릿속으로 계속 되뇌인다고 해서 그 충격이 사라지지는 않는다. 고통에 대해 제대로 이해하는 과정이 없다면, 정화법(catharsis)*으로도 치유할 수 없는 것이다.

반대로 행복한 일을 글로 쓰는 것은 어떨까? 리버사이드 캘리포니아 주립대학교의 소냐 류보머스키 박사(Dr. Sonja Lyubomirsky)의 연구는 매우 흥미롭다. 가장 즐거웠던 날을 질서 정연하게 분석한 사람들은 오히려 행복 지수가 낮아졌고 신체 건강도 좋지 않았다. 대조적으로 즐거운 기억을 낱낱이 분석하지 않고 이야기한 사람들은 긍정적인 결과를 얻었다. 전체적인 연구 결과를 정리하면 충격적이고 속상한 경험을 분석적으로 글을 쓰면 회복하는 데 도움이 되

---

* 정신장애의 요인이 되는 콤플렉스를 강하게 체험시킴으로써 이것을 해소하고 정신장애를 치료하는 방법

086
행복충전 50lists

지만, 신나는 기억을 같은 방법으로 글로 쓰면 오히려 역효과를 얻는다.

소설가이자 열정적인 일기 작가였던 버지니아 울프는 "나만을 위한 글을 쓰는 습관은 글을 쓰는 좋은 훈련이 된다. 글쓰기는 근육을 이완시켜 준다."고 했다. 어떤 나쁜 경험에 대한 표현적 글쓰기는 분명 도움이 된다. 즐거운 경험은 그냥 누리기만 하면 된다. 당신이 만일 글쓰기를 시작하게 되면, 좋은 경험에 대한 글쓰기를 통해서는 근육을 이완시키고 좀 더 글을 잘 쓸 수 있게 될 것이고, 고통스럽거나 나쁜 경험은 글쓰기를 통해 지워버릴 수 있게 될 것이다.

글쓰기로 날려 보내기

일주일 동안 매일 당신에게 감정적으로 큰 영향을 준 경험을 글로 써보자. 아직 내면 어딘가에 남아 있는 일이라면 더 도움이 될 것이다. 기쁜 경험도 좋고 슬픈 경험도 좋다. 글의 형식이나 실력은 신경 쓰지 않아도 된다.

표현적 글쓰기

한 주 동안 감정적으로 영향을 받았던 일이
있다면 적어보세요.

글쓰기로 날려 보내기

일주일 동안 매일 당신에게 감정적으로 큰 영향을 준 과거의 경험을 글로 써보자. 아직 내면 어딘가에 남아 있는 일이라면 더 도움이 될 것이다. 기쁜 경험도 좋고 슬픈 경험도 좋다. 글의 형식이나 실력은 신경 쓰지 않아도 된다. 소설가이자 열정적인 일기 작가였던 버지니아 울프는 "나만을 위한 글을 쓰는 습관은 글을 쓰는 좋은 훈련이 된다. 글쓰기는 근육을 이완시켜 준다."고 했다.

몰입
Flow

"모든 일이 슬로우 모션으로 일어나는 것 같고 그냥 그 순간에 머무르고 싶다. 이 흐름이 끊어질까 봐 자신 밖으로 한 발자국도 나가고 싶지 않다." NBA 슈퍼스타인 코비 브라이언트(Kobe Bryant)가 남긴 말이다. 화가 파울 클레(Paul Klee)는 자신의 작업 과정에 대해 "내 주위를 둘러싼 모든 것이 사라지고 마치 빈 공간에서 짠하고 나타나듯 작품이 탄생한다. 내 손은 강한 의지의 순종적인 도구가 된다."고 설명하였다. 이 둘의 공통점은 그 순간, 자신의 일에 몰입하고 있다는 사실이다.

운동선수나 예술가는 아니더라도 당신 역시 한 번쯤은 어떤 행위에 푹 빠져서 시간을 잊을 정도로 기쁘게 몰두한 적이 있을 것이다. 이는 당신이 몰입(flow)한 경험을 가지고 있음을 의미한다. 오늘날 많은 연구들은 몰입이 개인과 조직에 어떤 긍정적인 영향을 미치는지에 초점을 맞추고 있다. 회사에서의 몰입은 높은 참여도 및 생산성과 연관되기 때문에 특히 경영자들이 몰입 현상에 관심을 보인다. 그들의 목표는 직원들이 일상 업무에서 몰입을 경험할 수 있도록 자극하고, 몰입 상태를 유지하도록 돕는 것이다.

몰입이라는 심리학적 개념은, 한때 유명했던 "흐름에 맡겨라(Go with the flow)"는 명언과는 아무 상관이 없다. 몰입이라는 개념은 미하이 칙센트미하이 박사가 자신의 인생 경험을 바탕으로 진행한 몇 년간의 연구 끝에 탄생한 것이다. 1934년 헝가리에서 태어난 칙센트미하이 박사는 제2차 세계대전 동안 포로수용소에서 어린 시절을 보냈다. 그리고 그곳에서 두었던 체스가 전쟁을 통해 겪은 참혹한 고통을 잊게 해주었음을 깨달았다. 한 인터뷰를 통해 그는 "끔찍한 일이 일어나지 않는 다른 세계로 갈 수 있는 기적 같은 방법이었어요. 몇 시간 동안 명확한 규칙과 목표가 있는 현실에만 집중했죠."라고 고백한 바 있다. 이 집중이 바로 기분 좋은 몰입감이다. 칙센트미하이 박사는 자신의 10대 시절, 그림을 그리기 시작했을 때도 역시 기분 좋은 몰입감을 느꼈다고 말하기도 했다. 1965년 시카고대학교에서 박사 학위를 취득한 후, 그는 예술가처럼 매우 창의적인 일을 하는 사람들을 대상으로 연구를 진행한 것을 계기로 몰입의 개념을 발견하게 되었다. 칙센트미하이 박사는 몰입을 '한 가지 일에 푹 빠져 아무것도 신경 쓰지 않게 되며 더 큰 노력을 해서라도 계속하고 싶을 정도로 즐거운 경험'으로 정의한다.

그렇다면 몰입을 경험하고 있다는 것을 어떻게 인지할 수 있을까? 칙센트미하이 박사가 설명하는 몰입의 8가지 특징을 통해 알 수 있다.

1 행위와 의식이 어우러져서 그 행위에 푹 빠지게 된다.

2 눈앞에 있는 임무에 온전히 집중함으로써 주위의 방해물이나 잡념에 방해받지 않는다.

3 통제력을 잃을까 걱정하지 않는다.

4 자아가 몰입 대상과 하나 되어 자아에 대한 의식이 사라진다.

5 시간이 유별나게 빨리 지나가거나 천천히 지나가는 것처럼 느낀다.

6 어떤 목적을 이루기 위한 수단이 아니라 이 행위 자체에 목적이 있다.

7 개인의 기술 수준보다 조금 어려운 기술을 요구하는 도전적인 과제를 해결한다.

8 분명한 목표가 있고 즉각적인 피드백이 주어진다. 목표를 성취하기 위해 어떤 일을 해야 할지 정확히 알고 있으며 진행성과가 어떤지 안다.

특히 마지막 여덟 번째 특징의 예로 경쟁적인 스포츠를 들 수 있다. 꼭 스포츠가 아니더라도 당신은 연습을 통해 일상 속에서 몰입을 경험할 수 있다. 그리고 몰입을 통해 긍정적인 결과를 얻을 수 있을 것이다.

몰입의 상태로 빠지기

일상에서 몰입을 경험하고 싶다면, 재미있고 적당히 난이도가 있으며 통제력을 발휘할 수 있는 과제를 고른다. 과제가 너무 쉬우면 빨리 지루해지고, 너무 어려우면 좌절감을 느껴 포기하기 쉽다. 과제를 고르는 것만큼이나 중요한 것이 분명한 목표를 세우는 일이다. 너무 피곤하거나 시간이 부족할 때는 피로나 시간에 대한 조급함이 몰입을 방해할 수 있기 때문에 과제 수행을 피하는 것이 좋다. 과제에 온전히 집중할 수 있도록 방해물을 최소화할 수 있어야 한다.

용서
Forgiveness

당신은 타인을 쉽게 용서하는 편인가? 지금 당신의 인생을 감사하다는 생각을 자주 하는가? 아니면 당신을 힘들게 한 사람들을 떠올리며 과거에 얽매여 있는가? 오래전 저지른 자신의 실수를 용서할 수 있는가? 이러한 질문들은 오늘날 긍정 심리학에서 중요하게 여기는 화두인 용서와 관련된 것들이다. 많은 과학적 증거를 볼 때, 용서는 우리의 감정적·신체적 건강에 중요한 역할을 한다.

오래전부터 세계의 영적인 스승들은 용서의 가치를 중요하게 여겨왔다. 동·서양에서는 분노와 과거로 인한 상처를 떨쳐버리는 힘을 높게 사고 요동치는 감정에서 자유로운 사람을 현명한 자로 칭송했다. 종교적 가르침에 비추어 마틴 루터 킹(Dr. Martin Luther

King)은 "우리는 용서하는 힘을 기르고 유지해야 한다. 용서할 능력이 없는 사람은 사랑할 능력도 없다."고 언급했다. 마하트마 간디(Mahatma Gandhi)는 "약한 자는 절대 용서할 수 없다. 용서는 강한 자의 상징이다."고 말했다.

그러나 많은 사람이 용서하고 싶은 마음을 가지고 있음에도 불구하고 실제 행동으로 옮기지 못하고 있다. 용서하는 일은 항상 어려운 일인 까닭이다. 이 분야의 권위자인 위스콘신대학교 매디슨 캠퍼스의 로버트 엔라이트 박사(Dr. Robert Enright)는 용서에는 네 가지 단계가 필요하다고 이야기한다.

1 분노나 억울함의 감정을 털어놓는다.
2 용서하기로 마음먹는다.
3 공감과 이해력을 바탕으로 사건을 다시 구성한다.
4 상처에 대한 새로운 의미를 심화한다.

그리고 사람들은 용서의 네 가지 단계를 통해 걱정과 고통을 줄일 수 있다.

용서가 건강에 이롭다는 사실을 입증하는 과학적 근거가 늘고 있다. 타인의 죄를 용서한 사람들은 그렇지 않은 사람보다 혈압과 심박수가 낮은 것으로 보고되었다. 이스트 캐롤라이나 대학교 그

린빌 캠퍼스의 캐슬린 롤러−로우 박사(Dr. Kathleen Lawler-Row)는 적대감과 용서가 신체에 미치는 영향을 집중적으로 연구했는데, 연구 결과에 따르면 건강에 큰 영향을 준다고 알려진 수면의 질이 복수심에 영향을 받는다. 이러한 연구 결과로 미루어볼 때, 괴로운 생각을 하는 사람들은 마음이 평화로운 사람들보다 불면증을 겪을 확률이 높다. 뉴욕대학교의 연구팀은 너그러운 성격의 심장병 환자들이 그렇지 않은 환자들보다 자신의 건강상태에 대해 불안하고 우울해할 가능성이 적었고, 혈압도 낮았으며 콜레스테롤 수치도 낮다는 사실을 발견했다. 심리학적 연구에서는 여성은 더 높은 공감 능력 때문에 남성보다 타인을 용서하는 확률이 높았지만 자신을 용서하는 확률은 낮다는 흥미로운 결과가 제시되어 있다.

흔히 인간은 나이가 들수록 관대해진다고들 한다. 그 이유가 무엇일까? 아마도 나이를 먹어갈수록 지혜롭고 더 나은 시각으로 인생의 큰 그림을 볼 수 있기 때문이 아닐까 싶다.

용서하는 능력은 우리가 행복을 얻기 위해 끊임없이 키워나가야 할 힘이다. 미국의 폴 보에즈(Paul Boese)가 "용서로 과거를 바꿀 수는 없지만 미래는 넓힐 수 있다."고 언급한 것처럼, 당신 역시 용서를 통해 당신의 미래를 좀 더 행복하게 만들 수 있을 것이다.

분노 떨쳐버리기

용서를 위해서는 자신의 분노를 떨쳐낼 수 있어야 한다. 자신에게 다음과 같은 질문을 던져보자.

자신이나 타인의 어떤 행동을 가장 쉽게 용서할 수 있는가? 가장 용서하기 힘든 행동은 무엇이며 이유는 무엇인가? 용서받을 수 없는 행동이 있다고 생각하는가? 마지막으로 당신의 마음속에 있는 분노를 인지하고 오늘 떨쳐버릴 수 있는가?

이 질문에 대한 대답을 찾아가는 과정에서 스스로 분노를 떨쳐낼 수 있는 길을 찾을 수 있게 될 것이다.

우정
Friendship

당신은 우정에 대해 어떻게 생각하는가? 당신에게는 인생의 기쁨과 슬픔을 나눌 누군가가 있는가? 그 사람은 상황이 좋을 때만이 아니라 언제나 당신 옆을 지켜줄 것이라고 확신하는가? 당신의 연인 관계에는 무조건적인 신뢰가 있는가? 아니면 서로에게 진실이나 감정을 숨길 때도 있는가? 곰곰이 생각해 볼 만한 흥미로운 질문들이다. 심리학과 의학계의 수많은 연구 결과에 따르면, 위의 질문들이 가지고 있는 답에 우리의 건강과 활력, 그리고 수명의 비밀이 숨겨져 있다.

행동 과학자들이 우정과 건강 사이의 연관성을 증명했지만, 사실 우정과 건강의 관계는 오래전부터 존재하던 개념이었다. 지금으로부터 거의 2,500년 전 고대 그리스 철학자인 아리스토텔레스는 윤리적 행동과 덕행에 관한 저서 《니코마코스 윤리학(Nicomachean Ethics)》에서 이미 우정을 주제로 다룬 바 있다. 그는 우정을 유용성(utility)을 추구하는 우정, 즐거움(pleasure)을 추구하는 우정, 덕(virtue)을 추구하는 우정으로 명확하게 구분 지었다. 유용성을 추구하는 우정은 돈이나 권력처럼 명백한 이득을 공유하는 일과 관련된 관계다. 즐거움을 추구하는 우정은 스포츠 경기나 콘서트에 가는 것처럼 재미있는 취미를 함께 하는 관계에서 발생한다. 덕을 추구하는 우정은 아리스토텔레스가 최고의 우정으로 여긴 것으로, 감정적 배려와 진심 어린 걱정을 해주는 관계다. 그리고 아리스토텔레스는 마지막 종류의 우정이 일상의 행복에 가장 큰 영향력을 미친다고 믿었다.

중세 시대의 유명한 유대계 학자이자 의사였던 마이모니데스(Moses Maimonides)는 우정에 대한 아리스토텔레스의 관점을 확장시켰다. 8세기 전 스페인과 이집트에서 살았던 그는 우정이 개인의 행복에 아주 중요한 역할을 한다고 주장했다. 살라딘 왕족의 어린 왕자의 건강을 위해 작성한 글에서 마이모니데스는 이렇게 충고했다. "평생 옆에 벗이 있어야 한다는 것은 잘 알려져 있다. 건강하고 행복할 때 벗과 즐겁게 지낼 수 있지만 힘든 시기를 보낼 때도 벗은 필요하다. 나이가 들어서 육신이 약해지면 벗에게 도움을 받는다."라고 말이다.

1970년대 중반, 행동 의학의 등장으로 오늘날 사회적 지지(soicial support)라고 알려진 분야에 대한 연구가 활발히 이루어졌다. 사회적 지지라는 개념이 처음 생겼을 때부터 연구자들은 도구적 지원(instrumental support)과 정서적 지원(emotional support)으로 구분하였는데, 이는 돈이나 음식, 요리, 집안일처럼 눈에 보이는 보살핌이 있고 공감과 조언처럼 눈에 보이지 않는 보살핌이 있기 때문이다.

최근 들어 과학자들은 '믿을 수 있는 친구와의 관계'라는 특정한 측면에 관심을 집중시키고 있는데, 이는 우정이 인간의 행복에 중요한 역할을 한다고 여기는 까닭이다. 우정과 관련한 연구의 범위는 미국과 캐나다 10대의 약물 남용이나 우울증부터 젊은 멕시코 남성들의 건강수칙까지 점점 다양해지고 있다. 그리고 여러 연구 결과에 따르면 감정을 나눌 믿을만한 친구가 있으면 위험하고 자멸적인 행동을 할 확률이 낮아진다. 또한 믿을만한 친구가 있는 사람들이 더 건강하며 만성 질환을 앓을 확률이 낮았다. 감정의 회복력도 빠를 뿐만 아니라 우울증에 걸릴 확률도 낮았다.

영국 스트레인지웨이 연구소의 폴 서티스 박사(Dr. Paul Surtees)는 진정한 벗 한 명이 4~5년의 수명을 연장해준다는 연구 결과를 제시하기도 했다.

이처럼 우정은 당신의 삶을 더욱 행복하게 만들 수 있는 중요한 요소이다. 진심으로 자신을 걱정해주는 친구, 공감과 조언처럼 눈에 보이지 않는 보살핌으로 당신을 지지해주는 친구를 만들 수만 있다면 당신은 행복해질 수 있다.

친구와 깊은 우정을 쌓기

당신의 내면에 있는 감정과 즐거움, 분노, 결정 계획 등을 공유하는 가장 믿을만한 친구는 누구인가? 언제, 어떻게 친구가 되었으며 어떤 이유로 감정의 친밀함을 유지할 수 있는가? 그러나 우정을 끈끈하게 다지기 위해 당신의 모든 것을 털어놓지는 말자. 아주 사소한 감정적 상처까지 드러내는 것은 비생산적인 일이다.

친구에게 늘 고마움을 표현하자. 타인에게 이용당하는 느낌을 좋아하는 사람은 아무도 없다.

당신의 속 이야기를 털어놓고 감정을 공유하는
친구가 있다면 적어보세요.

친구와의 우정 기념하기

당신의 내면에 있는 감정과 즐거움, 분노, 결정 계획 등을 공유하는 가장 믿을 만한 친구는 누구인가? 언제, 어떻게 친구가 되었으며 어떤 이유로 감정의 친밀함을 유지할 수 있었는가? 우정을 끈끈하게 다지기 위해 너무 모든 것을 털어놓지는 말자. 아주 사소한 감정적 상처까지 드러내는 것은 비생산적인 일이다. 친구에게 늘 고마움을 표현하자. 타인에게 이용당하는 느낌을 좋아하는 사람은 아무도 없다.

정원 가꾸기
Gardening

정원을 사랑한 작가, 제인 오스틴(Jane Austen)이 언니 카산드라에게 보낸 편지에는 "정원은 정말 아름다워. 가끔 정원에 나가서 기분 전환을 하고 돌아오면 한결 차분해져."라는 문구가 있다. 오스틴은 영미문학작품 중 가장 많은 사랑을 받은 작품인 《오만과 편견(Pride and Prejudice)》을 비롯해 그녀의 작품 속에 정원을 문학적 장치로 활용했다. 또한 자신의 실제 현실에서의 삶, 격동적인 삶에서도 정원을 매우 소중하게 여겼다. 오스틴과 그녀의 가족들은 수차례 집을 옮겨 이사를 다녔지만, 도시에서든 시골에서든 항상 정원을 가꾸었다. 1805년에 아버지가 세상을 떠난 후, 오스틴은 런던에 있는 오빠 헨리의 집에 오래 머물면서 멋진 정원을 둘러보는 것을 즐겼다.

제인 오스틴과 D. H. 로렌스 같은 많은 영국 작가들은 정원을 일상이나 특별한 사교 모임, 로맨스의 다채로운 배경으로 삼았다. 문학적 소재로 정원을 다루는 것이 아닌, 과학적인 관점에서 정원이 주는 건강상의 이점을 처음 연구한 사람은 미국 독립 선언서 서명자이자 미국인 의사였던 벤자민 러쉬(Benjamin Rush)였다. 그는 펜실베이니아 병원의 외과·정신과 의사였고, 자신의 환자들이 식물과 흙을 만질 때 더 차분해지고 열중한다고 기록했다.

실제로 수 세기 동안 정원 가꾸기는 정신 질환의 주 치료법만큼 효과적인 보조 치료법으로 활용되었다. 2차 세계대전 이후에는 참전 용사들의 재활을 위한 원예요법으로도 활용되었다. 1980년대 원예요법이 큰 호응을 얻으면서 다양한 치료 분야에서 적용되기 시작했다. 원예요법이 집중력과 기억력, 언어 능력과 동기 부여를 높여준다는 심리학적 연구 결과도 존재한다. 원예요법은 직업 훈련을 할 때도 사람들이 지시를 따르고 문제를 해결하며 독립적으로 일하도록 도와주며 신체 재활 훈련에서도 환자들의 근육을 강화하고 균형감과 조정력, 지구력을 길러준다.

원예는 나의 전문 분야는 아니다. 그러나 나는 데이비드 카스트로-블랑코(David Castro-Blanco)와 함께 미취학 연령의 한 아이를 대상으로 원예요법을 실시한 경험을 가지고 있다. 몇 달간 전통적인 방식의 놀이 치료를 진행했지만 조쉬(가명)에게는 아무런 효과가 나타나지 않았다. 이에 아이에게 치료 공간에서 작은 식물을 돌보도록 하였고, 그 결과 놀라운 반응이 일어났다. 조쉬는 몇 주 동안 자신의 노력으로 식물이 자라는 것에 기뻐했고 어느 날 행복한 목소리로 "내가 식물을 도와주는 것처럼 선생님도 내가 성장하도록 도와주는군요!"라고 말했다. 그날 이후 조쉬는 빠른 속도로 발전했고 마지막 시간에는 아끼던 식물을 집으로 가져갔다. 긍정 심리학의 창시자인 마틴 셀리그만 박사가 당시 어린 딸과 정원을 가꾸며 깨달음의 순간을 경험하고 긍정 심리학에 대한 생각을 떠올린 것도 우연이 아닐 것이다.

요즘에는 '치유 정원(therapeutic gardens)'이 인기를 끌고 있다. 조경사가 의료 서비스를 위해 환자와 주민, 고객뿐만 아니라 방문자, 직원들의 행복을 증진하는 공간인 정원을 설계하는 것이다. 원예 치료사인 테레시아 헤이즌(Teresia Hazen)은 "치유 정원은 안전하고 믿을 수 있으며 편안한 환경을 제공한다. 그늘과 다른 보호용 구조물, 무성한 식물, 치유 정원이 보호하고 보호받기도 하는 자연의 법칙 등은 정원에 방문하는 사람들에게 위로가 되며 쉼터가 되어준다."라고 언급하며 정원의 힘을 강조했다. 정원을 사랑한 작가, 오스틴 역시 헤이즌의 말에 동의하지 않을까? 어쩌면 낭만적인 사랑에 빠질 수 있다는 암시를 넌지시 덧붙이며 정원을 찬양했을지도 모를 일이다.

당신이 쉼터와 치유를 필요로 하고, 행복을 원한다면 거창하게 정원을 가꾸는 일이 아니더라도 허브를 키우는 것만으로도 당신이 원하는 것을 이룰 수 있게 될 것이다.

허브와 시간 보내기

허브는 실내에서 키우기 쉬운 식물이다. 햇빛과 따뜻한 장소, 식물이 자랄 만큼 큰 통만 있으면 되니까 말이다. 당신이 허브를 키우기 위해서 해야 할 일은 포장지에 적힌 지시에 따르는 것이다. 지시에 따라 통에 좋은 흙과 비료를 채우고, 흙이 충분히 촉촉해 질 때까지 물을 준다. 씨앗을 심든, 모종을 옮겨 심든 매일 충분한 햇볕을 쬐어주고 물을 너무 많이 주지 않도록 주의한다. 나중에는 원래 사이즈보다 훨씬 더 커지기 때문에 큰 화분으로 옮겨주어야 한다. 정성껏 신경 써서 허브를 키우다보면 어느새 당신은 정원의 힘을 깨달을 수 있을 것이다.

뿌리 찾기
Genealogy

독립 영화배우이자 작가인 로렌스 오버마이어(Laurence Overmire)는 "역사는 유명한 자들만 기억하지만 계보는 모두를 기억한다."고 말했다. 뉴욕주 북부 출신인 그는 1990년대에 오버마이어 집안의 역사를 조사하는 프로젝트를 통해 자신의 조상 중에 메이플라워호 승객이 있었다는 사실을 알아냈으며, 거의 100년 만에 처음으로 오버마이어 집안사람들을 한자리에 모이게 만들었다. 또한, 그는 자신처럼 조상을 찾고자 하는 이들을 돕고자 데이터베이스를 만들었다.

오버마이어처럼 오늘날 수많은 사람들이 자신의 조상, 즉 뿌리를 찾고 있다. 유명한 사람들이 자신의 조상을 찾음으로써 새로운 삶의 의미를 찾는 모습을 소개하는 《뿌리를 찾아서(Finding Your

Roots)》나 《나는 어떤 사람일까?(Who Do You Think You Are?)》등의 프로그램은 큰 인기를 모으고 있다. 자신의 뿌리를 찾는 데 있어 당신이 유명하거나, 당신의 조상이 유명할 필요는 없다. 그것은 그 자체로 의미가 있기 때문이다.

여러 연구 결과에 따르면 가족의 역사를 찾는 과정을 통해 인간은 심리적 이점을 얻을 수 있다. 먼저 캘리포니아 주립대학교 풀러턴 캠퍼스의 파멜라 드레이크(Pamela Drake)는 2001년에 4,100명 이상의 사람들을 대상으로 그들의 계보를 조사했다. 그녀는 가족 기념품을 보관하거나 가족 역사를 구술로 전하는 등의 활동에 더 활발히 참여할수록 후손에 대한 관심을 의미하는 생산성(generativity)이 향상되며, 특정 장소나 사회공동체에서 느끼는 개인적 소속 의식인 장소감(sense of place)이 강화된다는 사실을 보고했다. 해당 연구에서 40세 정도의 중년 기혼자들이 노인 세대들보다 좀 더 활발하게 자신의 뿌리를 찾는 족보 관련 활동을 하는 것으로 나타났다.

한편, 에모리 대학교의 로빈 피버쉬 박사(Dr. Robyn Fivush) 연구팀은 가족 역사가 청소년기의 정체성과 행복에 긍정적인 영향을 미친다는 사실을 규명했다. 이들은 10대 초반부터 후반까지의 청소년들을 대상으로 수차례 연구를 진행하였고, 그 결과 자신의 가족 역사를 묻는 20개의 항목에서 높은 점수를 받은 참가자들이 그렇지 않은 참가자들보다 심리적으로 더 건강했으며 감정 회복력이 빠른 것으로 나타났다. 연구에 사용된 질문항목들은 부모님들이 어떻게 만났는지 아는가? 당신의 부모님이 결혼한 장소를 아는가? 가족 중에서 당신과 가장 많이 닮은 사람을 아는가? 등과 같이 '네/아니오'로 대답할 수 있는 질문들이었다. 연구 결과, 가족 역사에 대해 많이 아는 아이들일수록 자아 정체감이 강하고, 자존감이 높았으며, 불안감이 낮았다. 또한, 가족 역사에 대해 잘 아는 아이들에게서 부적절한 행동을 하거나 우울증처럼 부정적이고 내재화된 반응을 보이는 확률도 낮게 나타났다. 해당 연구에서 높은 점수를 받은 참가자들은, 가족 구성원들과의 관계가 더 좋았으며 가족 역사에 대해 더 자주 이야기를 나눈다는 공통점이 있었다.

오스트리아 그라츠 대학교의 피터 피셔 박사(Dr. Peter Fischer) 연구팀은 조상에 대해 생각하는 것만으로 심리적인 이점을 얻을 수 있다는 주장을 제기하였다. 피셔 연구팀의 연구 결과, 5분 동안 조상이나 증조부모에 대해 떠올린 대학생들은 최근에 했던 쇼핑에 대해 생각한 학생들보다 시험에 대해 더 높은 자신감을 보였으며, 언어 · 공간 지능 과제에서도 차이를 보였다.

이러한 연구 결과는 '조상 효과(ancestor effect)'라고 부르는 현상을 입증하는 것이다. 당신은 당신 가족의 역사를 생각하는 행동을 통해 정체성을 강화할 수 있고, 나아가 자신감도 높아지는 것을 경험할 수 있게 될 것이다.

당신의 뿌리를 찾아서

뿌리 찾기는 기본적으로 가족과 친척에 대한 일이다. 뿌리를 찾는 출발점은 먼저 나이가 가장 많은 친척을 직접 찾아가 인터뷰를 하는 것이다. 공책이나 녹음기를 가져가고 날짜를 꼭 표시해 둔다. 인터뷰는 그 친척이 태어난 해나 장소, 학력, 직업 같은 사실적 질문으로 시작하자. 그다음 조상에 대한 추억담 같은 정보를 끌어낸다. 만약 뿌리 찾기에 더 흥미가 생긴다면, 상대방의 허락을 구한 후 관련 자료나 사진을 복사하고 추가로 연락해 볼 친척들의 이름을 물어본다. 이러한 뿌리 찾기의 과정을 통해 당신 역시 '조상 효과'를 느낄 수 있게 될 것이다.

감사
gratitude

당신이 생각하기에 당신 삶에서 가장 감사한 것은 무엇인가? 당신은 얼마나 자주 감사함을 느끼며, 감사한 마음을 얼마나 쉽게 표현할 수 있는가? 인류 역사에 있어서 감사하는 마음은 여러 문명에서 가치 있는 감정으로 여겨진 것이었다. 긍정 심리학에서 감사에 대한 질문이 중요한 역할을 하는 것이 새삼스러운 일이 아닌 것이다. 기독교, 불교, 유대교, 이슬람교 등 여러 종교에서도 감사하는 마음을 소중히 여기고 기도와 봉사를 가꾸어 나갈 것을 강조한다. 탈무드에 나오는 솔로몬 왕은 천벌로 인해 왕좌에서 내려온 후, 자신이 가지지 못한 것을 불평하지 않고 가진 것에 감사할 줄 알 때까지 수년간 거지로 방랑의 시간을 보냈다. 고대 로마의 철학자인 키케로(Cicero)는 감사가 "가장 위대한 덕목이며 모든 것의 근원"이라 말하기도 했다.

이토록 오랫동안 수많은 이들에 의해 중요시되어온 '감사'임에도 불구하고, 최근까지도 심리학적 관점에서 감사를 설명할 수 있는 내용은 그리 많지 않았다. 그러나 심리학자인 에이브러햄 매슬로만은 예외였다. "가진 것에 감사하라(Count your blessing)"는 고대 속담에 주목했던 그는 자아실현에 대한 연구를 바탕으로 감사하는 마음을 쉽게 느끼고 표현하는 능력이 정신 건강에 중요하다고 믿었다. 그리고 감사할 줄 모르는 이들이 심리적 장애를 가진 것이라 판단했다. 1960년대, 매슬로는 감사하는 마음을 키우는 방법으로 인생에서 즐거웠던 순간을 떠올리거나 살날이 얼마 남지 않았다고 상상하는 방법 등을 소개했다.

지난 15년 동안 이루어진 심리학적 연구들은 감사의 중요성을 강조하였으며, 감사할 줄 아는 사람들이 보통 더 행복하다고 보고하고 있다. 감사하는 마음을 가지는 사람들은 그렇지 않은 사람들보다 더욱 긍정적이며 삶의 만족도도 높다는 것이다. 그렇다면 감사하는 마음을 갖게 되는 원인은 무엇이고, 이로 인해 어떤 결과를 얻을 수 있을까? 베일러대학교의 조앤 창 박사(Dr. Jo-Ann Tsang)에 의해 진행된 실험 연구에 따르면, 타인으로부터 친절한 행동을 받은 사람이 우연히 좋은 일을 겪은 사람보다 다른 사람들을 더 많이 돕고 감사한 마음도 더 표시하는 것으로 나타났다. 창 박사의 연구 결과를 보면 감사하는 마음은 개인에 의해 생기는 것이 아니라 사회적 관계에서 형성되는 것이다. 감사하는 마음이 큰 사람들은 아마 타인으로부터 친절한 대우를 받으며 자랐을 것이고, 이로 인해 자신 역시 감사한 마음을 가지고 행동할 확률이 높다.

또한, 연인이나 친구 관계에서 감사함을 느끼는 사람들이 그렇지 않은 이들보다 만족도가 더 높다. 그들은 상대방과 더 가깝게 느끼며 갈등도 덜 겪는다. 인생에서 가장 중요한 사람에게 감사하는 마음처럼 강렬하고 긍정적인 감정을 가지고 있다면, 실망이나 분노를 품을 확률이 그만큼 낮아질 수밖에 없다. 결혼이나 가족과 관련한 상담을 진행하는 상담가들은 사랑하는 사람에게 매일 감사를 표현하라고 충고하며, 말 한마디의 엄청난 영향력을 강조한다.

펜실베이니아대학교의 마틴 셀리그만 박사와 동료들은 감사하는 마음을 통해 행복을 얻는 다양한 방법을 소개한 바 있다. 이들이 제시하는 가장 효과적인 방법은 '감사의 만남(gratitude visit)'이다. 과거의 은사나 친구, 집안 어른들처럼 주위에 있는 감사한 사람을 한 명 선택한 후, 당신이 가지고 있는 감사의 마음을 표현한 편지를 써서 직접 전달하는 것이다. 실제로 이러한 감사의 만남을 통해 많은 사람이 아름다운 경험을 했으며, 그 경험을 통해 행복을 얻은 것으로 알려져 있다.

당신이 진정으로 행복하길 원한다면, 당신이 가지고 있는 감사할 줄 아는 마음을 표현해보자.

감사하는 시간 가지기

감사를 통해 행복을 얻는 방법은 그리 어려운 것이 아니다. 3주 동안, 매일 시간을 따로 정해놓고 그 시간 동안 당신이 감사하게 여기는 모든 것을 떠올려보자. 그 대상은 가족이 될 수도 있고, 친구들, 건강, 가정, 재산, 재능, 관심사도 될 수 있다. 그리고 날마다 그날 일어난 일 중 감사한 일을 얘기해보자. 꼭 대단하거나 감격스러운 일일 필요는 없다. 또한, 감사의 만남을 시도해보고 어떤 일이 일어나는지 지켜보자. 이 모든 과정들은 당신에게 건강한 정신과 행복을 가져다줄 것이다.

{ *Gratitude*

감사 }

감사한 마음이 들었던 일을 적어보세요.

감사하는 시간 가지기

3주 동안 매일 시간을 따로 비워두고 당신이 감사하게 여기는 모든 것을 떠올려보자. 가족이 될 수도 있고 친구들, 건강, 가정, 재산, 재능, 관심사도 될 수 있다. 날마다 그날 일어난 일 중 감사한 일을 얘기해보자. 꼭 대단하거나 감격스러운 일일 필요는 없다. 감사의 만남을 시도해보고 어떤 일이 일어나는지 지켜보자.

유머와 웃음
Humor And Laughter

최근에 기분 좋게 웃은 적이 있는가? 이번 주에 어떤 재미난 일이 당신에게 일어났는가? 당신은 어떤 농담에 가장 깔깔대며 웃는가? 우리의 유머 감각이 행복에 직접적인 영향을 미친다는 사실이 입증되면서, 유머와 웃음에 중점을 둔 과학적 연구가 늘어나고 있다.

심리학자들은 100여 년 전부터 유머에 관심을 기울였다. 지그문트 프로이트가 1905년에 저술한 《농담과 무의식의 관계(Wit and Its Relation to the Unconscious)》는 유머에 대한 획기적인 발견이었다. 프로이트는 사람들이 무의식 중 차단될 법한 감정을 간접적인 방법으로 표현할 때 유머를 활용한다고 믿었다. 대표적으로 풍자(sarcasm)를 들 수 있는데, 프로이트는 이를 마스크를 쓴 적개심이라 생각했으며, 농담이 억압된 감정을 드러내고 표출시킴으로써 내면의 긴장감을 없앤다고 주장하였다.

프로이트의 오랜 동료였던 알프레드 아들러는 행복에 있어서 유머가 매우 중요하다고 강조하였으며, 유머를 너무 진지하게 받아들이지 않는 것이 좋다고 충고했다. 그는 한 연수 세미나에서 "환자들에게 농담을 던지는 것은 사실이에요. 하지만 다정한 식의 농담이죠. 농담을 통해 환자에게 지금 일어나는 일을 보여주길 좋아합니다. 그래서 좋은 유머를 많이 알고 있어야 하죠. 어떨 때는 유머로 환자가 자신의 노이로제가 얼마나 터무니없는지 깨닫기도 하거든요."라고 털어 놓은 바 있다.

이후에 에이브러햄 매슬로는 자아실현인(self-actualizing)이라 일컬을 수 있는 상당히 성공한 사람들의 유머에 대해 심도 있는 글을 썼다. 자아실현인은 공통적으로 풍부한 유머를 즐겼으며, 삶의 모순을 감사히 여기고 자신의 약점을 농담으로 승화할 수 있었다. 또한, 타인의 아픔을 비웃거나, 타인에게 모욕적이며 악의적이고 잔혹한 농담은 피했다. 고대 탈무드에서는 상대방의 유머 감각을 알아내는 것이 그의 본성을 파악하기 가장 좋은 방법이라 조언한다. 이러한 조언은 타인을 악용하는 유머 대신 자신을 이용하는 유머를 즐기는 자아실현인이 좋은 인성을 가지고 있음을 알게 해준다.

웃을 수 있는 건강한 능력이 행복의 중요한 측면으로 자리 잡으면서 오늘날 긍정 심리학은 유머에 크게 집중하고 있다. 유머 방식에 대한 연구를 진행한 웨스턴 온타리오대학교의 로드 마틴 박사(Dr. Rod Martin)에 따르면, 유머는 사람마다 그의 일상에서 각기 다른 역할을 한다. 이를 근거로 마틴 박사는 유머를 친화형, 자기 강화형, 공격형, 자멸형이라는 네 가지 종류로 구분 지었다.

1 친화형(Affiliative) : 파티나 다양한 모임에서 효과적인 '사회적 윤활제(social lubricant)' 역할을 하는 유머.

2 자기 강화형(Self-enhancing) : 스트레스에 효과적으로 대응하기 위해 유머의 힘을 빌리며, 회복 방법의 하나.

3 공격형(Aggressive) : 우월성이나 권리를 유지하기 위해 빈정대는 말투나 적대적인 언어를 사용하는 유머.

4 자멸형(Self-defeating) : 초기 우디 알렌의 영화부터 최근 《새터데이 나이트 라이브(Saturday Night Live)》에 이르기까지 수많은 코미디언이 하는 것처럼 자기를 깎아내리는 방식에 중점을 두는 유머.

이 네 가지 종류의 유머 가운데 친화형과 자기 강화형은 안정적인 정신 건강과 연결되지만, 공격형과 자멸형은 만성 분노나 낮은 자존감, 우울증을 포함한 정서 문제와 관련된다. 유머와 웃음을 통해 행복을 찾고 싶다면 자아실현인처럼, 안정적인 정신 건강을 가진 이들처럼 당신 역시 당신에게 일어나는 일 가운데 밝고 긍정적인 부분을 찾을 수 있어야 한다.

밝은 면 보기

유머를 건강하고 충족감을 주는 형태로 바꾸는 방법에 대한 연구는 아직 충분히 이루어지지 않았다. 그러나 당신은 적어도 일상 대화에서 공격적이거나 자멸적인 농담이 건강하지 않은 유머의 방법임을 이해하고 있을 것이다. 힘들거나 스트레스가 많은 상황에서도 우스꽝스러운 면, 밝은 면을 찾는 것이 건강하고 충족감을 주는 형태의 유머를 찾는 일에 도움이 되어줄 것이다. 가령, 지금 이 상황이 웃긴 만화에서 일어나는 일이었다면 어떻게 묘사하고 어떤 자막을 넣었을까?에 대한 대답을 찾는 일처럼 말이다.

친절
Kindness

달라이 라마(Dalai Lama)는 "종교와 부활을 믿든 믿지 않
든, 친절과 연민을 감사히 여기지 않을 사람은 없다."고
말했다. 이타주의적 삶의 방식을 강조하는 이 말은 티베트 불교를
전혀 모르는 사람들에게까지 큰 울림을 주었다. 철학자나 종교 지
도자들 역시 오래전부터 달라이 라마와 비슷한 메시지를 전했다.
그러나 사회과학자들은 친절이나 연민과 같은 주제에 큰 관심을
두지는 않았었다. 실제로 19세기에 프랑스 사회학자인 오귀스트
콩트(Auguste Comte)와 에밀 뒤르켐(Émile Durkheim)이 이기주의의 반대
되는 이타주의라는 개념을 처음 소개한 이래 심리학자들은 이타주
의의 중요성을 인정하지 않았다.

  친절과 같은 이타주의에 대한 학계의 관심은 25년 전부터 커

졌다. 친절에 대한 연구는 크게 두 가지의 방향으로 나뉘어 진행되었다. 첫 번째는 '히어로 연구(hero research)'라 불리는 것으로, 특별한 이타주의자들을 집중적으로 조사하는 방법이다. 홀로코스트에서 유대인을 구한 용감한 사람들이나 마하트마 간디, 테레사 수녀처럼 아무런 조건 없이 다른 이들을 위해 희생하고 헌신한 이들을 주된 연구의 대상으로 삼는다. 그러나 히어로 연구는 대개 입증할만한 과학적 근거가 부족하다. 객관적 측정을 통해 얻은 일관성 있는 유일한 연구 결과는 이타적인 성격을 가진 사람들이 다른 사람들보다 공감 능력에서 높은 점수를 받았다는 것이 전부다.

친절과 관련한 두 번째 연구의 방향은 사람들이 왜 이타적인 행동을 하며 이타적인 행동이 감정적으로 어떤 영향을 미치는지를 알아보기 위해 실험 환경을 이용하는 연구이다. 주로 상황을 모르는 참가자들을 대상으로 길거리나 심리 연구소에서 진행된다. 이러한 실험 환경을 이용한 연구 가운데 캘리포니아대학교 리버사이드 캠퍼스의 소냐 류보머스키 박사(Dr. Sonja Lyubomirsky)의 연구 결과에 따르면, 친절한 행동을 하면 일시적으로 만족감이 상승할 뿐만 아니라 장기적으로는 낙천적인 태도와 행복을 얻을 수 있다고 한다. 또한, 개인적으로 타인을 돕는 일을 중요하게 여기는 사람은 부를 쌓는 데 집중하거나 이타주의에 냉소적인 태도를 보이는 사람보다 더 행복해하는 것으로 나타났다.

어린이들을 대상으로 유사한 연구를 진행한 캘리포니아대학교 리버사이드 캠퍼스의 크리스틴 레이어스 박사(Dr. Kristin Layous)의 연구 결과도 류보머스키 박사의 연구와 같았다. 캐나다 밴쿠버에서 진행된 대규모 연구에서 한 달간 매주 세 번의 친절한 행동을 한 9~11세의 아이들은 그렇지 않은 아이들보다 기분이 좋아졌고, 삶의 만족도도 높아졌을 뿐만 아니라 친구들 사이에서의 인기도 눈에 띄게 상승했다.

그렇다면 단순하게 친절함을 목격하는 것만으로도 이타주의가 강화될 수 있을까? 대답은 'No'이다. 그 근거로는 코넬대학교의 연구원인 밀레나 츠벳코바 박사(Dr. Milena Tsvetkova)와 마이클 메이시 박사(Dr. Michael Macy)가 학술지 《플로스 원(PLOS ONE)》에 발표한 실험 연구 결과를 제시할 수 있다. 해당 연구에 따르면 실험에서 타인을 돕는 행위를 많이 목격한 참가자들은 오히려 타인을 돕지 않는 경향을 보였다. 사회학에서 방관자 효과(bystander effect)라고 부르는 현상 때문으로, 참가자들은 자신이 아니더라도 타인을 도울 사람이 많다고 생각하며 자신은 희생할 필요가 없다고 느끼게 되기 때문이다. 그러나 자신이 도움을 받고 나면 낯선 사람을 더 너그러운 태도로 대하며 모르는 척할 확률은 낮아졌다.

친절한 행동을 하는 것은 어려운 일이 아닌데도 왜 흔히 일어나지 않을까? 예일대학교의 수잔 놀런 혹스마 박사(Dr. Susan Nolen-Hoeksema)의 연구에 따르면, 반추(rumination)가 친절한 행동을 방해하는 주된 장애물로 밝혀졌다. 반추란 과거에 받은 정서적 상처를 반복적으로 떠올리는 것인데, 지속될 경우 우울증의 위험성도 상승할 뿐만 아니라 비관적이고, 자기 비판적이며, 소극적인 태도로 연결될 수 있다.

자신이 슬프고 고통스러우면, 그만큼 주위를 둘러볼 여유가 없어지게 마련이다. 자신의 슬픔에서 벗어나지 못하면 타인에게 이타적으로 행동하기가 힘들어진다. 당신이 과거의 상처를 덜 떠올리고 친절한 행동을 더 자주 하고 싶다면, 심리학자들의 권유처럼 가장 좋아하는 취미를 한두 가지 개발하고 과거의 고통스러운 사건을 글로 옮겨보는 것도 방법이 되어줄 것이다. 그리고 갑작스러운 친절을 베풀어보는 경험을 통해 '친절'이 당신을, 그리고 당신으로부터 친절을 받는 사람을 얼마나 변화시키는지 직접 확인해보는 것도 좋겠다.

선행으로 놀라게 하기

뜻밖의 친절을 배풀 방법은 너무도 많다. 세 명을 선정해 그들을 위한 이타주의적인 행동을 실행해보자. 이타주의적 행동은 거창할 필요는 없으며 작고 사소한 일이어도 상관은 없다. 가령 책을 선물로 보내거나 맛있는 음식이나 빵을 만들어도 좋고 하루 동안 운전사가 되어주는 일 같은 것들 말이다. 다만, 당신이 이러한 친절을 배푸는 것이 아무런 조건이 없는 행동임을 확실히 밝혀두는 것이 좋다.

{ *Kindness* }
친절

친절을 베풀었던 경험을 적어보세요.

선행으로 놀라게 하기

뜻밖의 친절을 베풀 방법은 너무도 많다. 세 명을 선정해 그들을 위한
이타주의적인 행동을 실천하자. 책을 선물로 보내거나 맛있는 음식이
나 빵을 만들어도 좋고 하루 동안 운전사가 되어도 좋다. 다만 이것이
조건 없는 행동임을 확실히 밝혀두는 것이 좋다.

뜨개질
Knitting

당신은 공예품을 즐겨 만드는가? 뜨개질은 어떤가? 전통적으로 따뜻한 가정의 여성들을 위한 기술로 여겨온 뜨개질이, 최근 들어서는 건강 관련 종사자들로부터 관심을 받고 있다. 한 연구 결과에 따르면 뜨개질은 단순히 홀로 조용히 즐기는 취미가 아니라 스트레스 감소와 기분 고조, 통증 완화, 운동 협응 등에도 도움을 주는 행위이다. 뜨개질에 능숙한 어머니나 할머니는 이미 알고 있겠지만, 뜨개질을 할 때는 리듬에 맞춰 좌우로 반복되는 움직임이 중요한데 이는 깊은 평온함을 찾게 도와준다.

지난 몇 년간 《마인드풀 니팅(Mindful Knitting)》, 《젠과 뜨개질 기술(Zen and the Art of Knitting)》, 《크로셰 뜨개질이 내 인생을 살렸어요(Crochet Saved My Life)》 등과 같이 뜨개질을 주제로 한 책들이 인기를 끈 것은 결코 우연이 아닐 것이다. 2008년에 출간된 《뜨개질에서 배운 것들(Things I learned from Knitting)》의 저자 스테파니 펄 맥피(Stephanie Pearl-McPhee)는 "인생의 모든 면을 뜨개질에 비유할 수 있다. 뜨개질을 하다 보면 우리의 의사와는 상관없이 생각하고, 느끼고, 정보를 받아들이고, 주위 사람과 소통하는 방식이 변한다."고 말한다.

영국의 벳산 코크힐(Betsan Corkhill)은 오늘날 '뜨개질과 건강(knitting and wellness)' 운동에서 가장 영향력 있는 인물로 꼽힌다. 물리치료사였던 그녀는 지난 2002년, 효과적인 치료를 막는 관료적인 구조에 불만을 느끼고 자신이 몸담고 있던 국가 보건 서비스 기관을 그만두었다. 이후 그녀는 공예 잡지의 프리랜서 제작 편집인으로 일하게 되었다. 편집인으로 그녀가 담당했던 업무 중의 하나는 사무실로 온 수많은 편지를 읽는 일이었다. 코크힐은 당시를 이렇게 회상한다. "편지의 98%는 수공예 중에서도 특히 뜨개질이 치유하는 데 얼마나 도움이 되는지에 대한 얘기였어요. 그때 무언가 번쩍 깨닫게 되었죠. 어쩌면 장기적인 질환에도 도움을 주고 다른 활동을 위한 발판으로도 활용할 수 있는 아주 중요한 무언가를 발견했다고 생각했습니다."라고. 이렇게 뜨개질에 주목하게 된 그녀는 2005년에 치료를 위한 목적의 공예나 뜨개질을 즐기는 사람을 위한 협력 단체인 스티치링크(Stichlinks)를 설립했다. 스티치링크 웹사이트를 개설하고 다양한 연구를 진행하는 것 외에도 코크힐은 2012년에 세계 최초로 치료 뜨개질 학회를 열었다. 뜨개질이 건강에 미치는 좋은 영향들을 널리 알리기 위해서였다. 그녀를 시작으로 많은 연구자들이 뜨개질이 개인의 행복에 어떤 영향을 미치는지 활발히 연구하고 있다.

한편, 메이오클리닉(Mayo Clinic)의 요나스 게다 박사(Dr. Yonas Geda)와 동료들은 뜨개질이 노인층의 치매 발병률을 낮춰준다는 사실을 발견했다. 그리고 공예가 인지 기능을 강화하고 뇌의 독성 물질에 잘 견디고 보호하는 힘을 길러주기 때문에 치매 예방에 효과적일 것이라 추측했다.

최근 《영국 작업치료 저널(The British Journal of Occupational Therapy)》에는 웨일스 카디프대학교(Cardiff University)의 질 라일리(Jill Riley)의 조사 결과가 실렸다. 라일리는 3,500명 이상의 뜨개질 하는 사람들을 대상으로 설문조사를 실시하였는데, 80% 이상의 사람이 뜨개질한 후에 더 행복함을 느낀다고 밝혔다.

치료 분야에서도 캘리포니아의 수잔 카네시로 박사(Dr. Susan Kaneshiro)같은 정신과 의사들은 뜨개질을 보조 치료법으로 활용하고 있다. 카네시로 박사는 "뜨개질은 마음 챙김(mindfulness)과 불안감 해소에 효과적이다. 즐겁고 편안하게 사람들과 어울릴 수 있기 때문에 뜨개질 모임에 참여하는 것도 권장한다."고 말한다.

이처럼 뜨개질은 여러 연구들을 통해 심리적 안정을 얻는 효과적인 방법으로 제시되고 있다. 그러니 뜨개질을 그저 여성의 취미로만 생각하지 말고, 뜨개질에 도전해보는 것이 어떨까?

공예의 리듬

뜨개질이나 코바늘 뜨개질을 배운 적 없다면 선생님의 도움을 받는 것이 좋다. 뜨개질용 실을 파는 여러 가게에서 뜨개질 공개강좌나 단체로 공예를 할 수 있는 자리를 마련하고 있다. 이러한 강좌에는 다양한 실력을 갖춘 사람들이 참여하기 때문에, 당신은 강좌에서 당신의 뜨개질 멘토를 구할 수도 있다. 뜨개질의 마지막 단계에서는 리드미컬하고 자동적인 동작에서 바느질처럼 좀 더 복잡한 동작으로 넘어가야 한다는 사실을 기억하자. 순간적으로 만족감이 덜할 수도 있지만, 마지막 단계를 거쳐야 영원히 남는 작품을 완성할 수 있다. 완성된 작품은 당신에게 성취감 그 이상의 행복을 선사할 것이다.

외국어 배우기
Learning A Foreign Language

프랑스계 미국인 문학 평론가인 조지 스타이너(George Steiner)는 "각각의 언어에는 하나의 세계가 담겨 있다. 언어가 없다면 우리는 침묵으로 맞닿아 있는 영역에서 사는 것과 같다."고 말했다. 1930년대, 보헤미안인 아버지와 빈에서 온 어머니 사이에서 자란 그는 종종 하나의 언어로 문장을 시작했다가, 문장을 마칠 때는 다른 언어를 사용하곤 했다. 다섯 살 때는 영어로 셰익스피어를 읽고 고대 그리스어로 호메로스를 읽을 만큼 어학 능력이 탁월했다. 스위스 제네바대학교에서 교수로 재직할 당시에는 네 가지 언어로 강의했으며, 번역사에 있어서 역작으로 꼽히는 《애프터 바벨(After Babel)》을 쓰기도 했다. 이 책은 모든 인간의 언어는 세상을 다르게 보여주며 꿈, 지리, 신화, 현실을 밝혀낼 수 있는 무한한 잠재력을 제공한다는 것을 주제로 삼고 있다.

　스타이너처럼 다양한 언어를 자유자재로 구사하는 사람은 많지 않겠지만, 다양한 언어 교육의 중요성을 지지하는 사람들이 늘고 있다. 실제로 미국의 많은 대학교에서 중년을 위한 외국어 프로그램을 제공하고 있으며, 《타임(Time)》이나 《포브스(Forbes)》같이 유명한 잡지에서도 "언어를 배우는 것이 당신의 커리어에 도움 되는 이유" 같은 제목의 기사가 정기적으로 게재되고 있다.

　오늘날, 많은 이들이 한 가지 언어만 구사하는 사람은 글로벌 경쟁에서 불리할 수밖에 없다고 주장한다. 투자 은행인 골드만 삭스(Goldman Sachs)의 경우 직원의 50% 이상이 두 가지 언어를 구사할 수 있으며, 중국 만다린어나 독일어를 할 줄 하는 것이 가장 경쟁에서 유리하다고 발표한 바 있다. 2010년 미국 통계국에 따르면, 라틴계가 미국 전체 인구의 16% 이상을 차지하고 있다. 때문에 스페인어를 구사할 수 있는 사람들은 의료 서비스, 마케팅, 세일즈 등의 분야에서 우위를 가질 수 있게 된다. 외국어 공부에 대한 인식은 연령에도 영향을 미친다. 미국은퇴자협회는 노후를 생산적으로 보낼 수 있는 좋은 방법으로 외국어 공부를 제시한다. 외국어 공부를 통해 빙고를 하는 것보다 더 의미 있는 정신 활동을 할 수 있을 뿐만 아니라 우정이나 로맨스, 동료애를 경험할 기회도 얻을 수 있기 때문이다. 또한, 언어 집중 프로그램을 통해 이국적인 여행도 떠날 수 있다.

《뉴욕타임스(New York Times)》의 타냐 몬(Tanya Mohn)은 "현지에서 외국어 배우기"라는 기사에서 이렇게 보도했다. "미국인들은 외국어 능력이 뛰어난 편이 아닌 데다 일반적으로 사람들은 나이를 먹을수록 새로운 것을 배우는 게 더 힘들어진다. 그런데도 60~80대 어른들은 토스카나 힐스나 코스타리카의 해변 마을 같은 곳에서 동사 활용과 숙어의 뉘앙스를 배우는 성인을 위한 수업을 찾아다닌다."

외국어를 배움으로써 우리가 얻을 수 있는 것은 좋은 경력이나 사교 활동의 기회에 그치지 않는다. 다양한 연구를 통해 제시된 과학적 근거에 따르면 외국어 공부는 인지 발달에도 좋은 영향을 미친다. 일례로 두 가지 언어를 구사하는 어린이들이 그렇지 않은 어린이들보다 집중력을 잘 제어하고, 문제 해결 능력도 뛰어난 것으로 나타났다. 또한, 사람들은 외국어 공부를 통해 의사 결정에도 긍정적인 도움을 얻을 수 있다. 시카고대학교의 보아즈 케이사 박사(Dr. Boaz Keysar)의 연구팀은 다양한 나라의 두 가지 언어를 구사하는 대학생들이 모국어를 사용할 때보다 제2 외국어를 사용할 때 위험성이 적고 이성적인 결정을 내린다는 연구 결과를 발표한 바 있다. 연구팀은 이것이 '외국어 효과(foreign-language effect)'이며, 제2 외국어를 사용할 때 모국어를 사용할 때와 다른 부분의 뇌를 사용하기 때문에 더 객관적인 사고를 할 수 있음을 밝혔다.

외국어를 배우는 것은 당신에게 많은 새로운 경험을 가져다줄 수 있다. 외국어 공부를 어렵게 느낄 필요는 없다. 작은 관심부터 가지는 것이 중요하다.

새로운 언어, 새로운 세상

모든 언어에는 그 언어를 사용하는 국가 혹은 사람들만의 고유한 문화가 자리하고 있다. 새로운 언어를 배우고 싶다면, 예술이나 요리, 문학, 풍경 등 당신이 가장 흥미롭게 여기는 나라를 선택해 차근차근 그 나라를 이해해보자. 간접 여행으로 얼마든지 새로운 언어를 배울 수 있으니, 꼭 방문해 본 나라일 필요는 없다. 동기 부여를 위해 혼자 공부하기보다는 수업에 등록하고 공부 계획을 세우는 것이 효과적이다. 유튜브 동영상부터 라디오 방송, 랭귀지 파트너 웹사이트 등 인터넷을 통해 새로운 세상과 새로운 언어를 접하고 배울 수 있는 무궁무진한 방법을 찾을 수 있다. 그 중에서 당신에게 가장 적합한 방법을 선택해 새로운 언어를 만나면 된다.

삶의 은유
Life Metaphor

인간 존재에 대해 세 단어 이하로 표현한다면 당신은 어떤 단어를 사용할까? 투쟁, 게임, 운, 체스, 전략? 혹은 여정이나 신비로운 이야기에 가까운 단어인가? 아니면 조금 더 신나는 춤이나 파티, 해변에서 보내는 하루? 질문에 포함된 단어들은 오늘날 많은 사람들이 세상을 아우르는 은유적 표현들로 사용하는 단어이다. 아마도 당신은 인간 본성과 특성을 표현하는 당신만의 단어를 가지고 있을 것이다. 그렇다면 인간은 근본적으로 기계 같은 존재일까? 아니면 작은 씨앗에서 자라나는 나무나 꽃일까? 연인 관계는 어떤 단어로 표현할 수 있을까? 아름다운 듀엣? 둘만의 모험? 폭풍우가 몰아치는 바다? 점점 더 많은 심리학자가 이러한 질문에 대한 답이 당신이 일상에서 내리는 의사 결정이나 행동에 영향을 준다고 여기고 있다.

　모든 심리학 이론은 본질적으로 은유법에 기반을 두고 있다. 지그문트 프로이트 시대의 주요 기술은 증기 동력이었다. 한 세기 전의 증기 동력은 오늘날의 컴퓨터처럼 어디에나 존재하는 것이었다. 시대의 중심이 되는 것을 인간의 영역으로 옮겨와 은유법으로 표현한 대표적인 예로, 프로이트를 들 수 있다. 그는 인간 마음의 기제를 증기 기관에 비유해 설명했다. 2차 세계대전이 끝난 후 미국에는 인본주의 심리학이 등장하기 시작했다. 당시 혁신자인 칼 로저스와 에이브러햄 매슬로는 새로운 비유법을 찾았다. 로저스는 인간을 꽃을 피우는 식물에 비유하며, 인간이 제대로 성장하기 위해서 정신적 공기, 흙, 햇빛이 필요하다고 주장하였다. 매슬로의 경우, 인간을 작은 도토리에서 성장하는 웅장한 나무에 비유했다. 이후 컴퓨터 기술이 성장함에 따라 일부 심리학자들은 인간을 컴퓨터에 비유하며, 인간이 기본적으로 복잡한 정보 처리 시스템 혹은 사이버 체제라고 설명했다.

　이처럼 인간 본성에 대한 비유는 계속해서 변화해왔다. 그 중에서 모든 사람들에게 인생을 대하는 각자만의 비유가 있다고 처음 주장한 이는 알프레드 아들러였다. 그의 관점에서 인생 계획은 인간의 어린 시절에서부터 시작되며 여섯 살 즈음이 되면 확고히 완성되는 것이다. 그리고 인생 계획은 인생의 불확실성 속에서 길을 찾는 각자의 방식을 상징한다. 그렇다면 이 계획은 어디에서 비롯되는 것일까? 아들러에 따르면, 우리의 인생 계획은 타고난 체력과 정신력, 초기 경험에서 시작된다.

이러한 아들러의 주장에 주목한 치료사와 코치들은 개인의 삶과 인간관계를 설명할 때 사용하는 근본적인 은유법에 집중하였으며, 인간 본성에 대한 비유 혹은 은유에 대한 관심이 높아지면서 오늘날 교육부터 비즈니스에 이르기까지 매우 다양한 분야에서 은유법을 다루게 되었다. 그 중에서 삶에 있어서의 은유는 매우 가치 있는 연구에 해당한다. 조지 레이코프 박사(Dr. George Lakoff)와 마크 존슨 박사(Dr. Mark Johnson)는 《삶으로서의 은유(Metaphors We Live By)》라는 책에서 "은유는 단지 시적이거나 수사적인 꾸밈이 아니다. 은유는 우리가 인지하고, 생각하고, 행동하는 방식에 영향을 준다. 이 현실 자체가 은유로 정의된다."고 설명한다.

지난 몇 년간 나는 국제적인 연구를 통해 삶의 은유를 더 잘 이해하고 나이, 직업, 국적에 따라 어떻게 삶의 은유가 달라지는지를 살펴보았다. 일반적으로 가장 중요한 삶의 은유는 청소년기가 지나고 성인으로서의 기쁨과 고난을 겪으며 변화한다. 또한, 대부분의 사람들이 삶의 은유가 일상적인 의사 결정과 장기 계획, 행복에 큰 영향을 준다고 여기고 있었다.

자기 일을 즐기고 리더가 되고자 하는 사람들은 비관적이고 수

동적이며 인간미 없는 삶의 은유 대신 낙천적이고 적극적이며 개인주의적 삶의 은유를 표현한다. 그렇다면 당신은 어떤 삶의 은유를 말하고 싶은가? 당신이 원하는 삶의 은유를 찾기 위해서는 삶을 어떻게 살아갈 것인지부터 명확하게 해둘 필요가 있다.

인생관 뚜렷이 세우기

몇 분의 시간을 들여 다음 문장을 완성해보자.

인생은 ＿＿＿＿＿＿＿＿와 같다.

이 문장이 당신의 인생관을 어떻게 보여주는가? 빈칸에 채운 단어가 당신의 목표에 어떤 영향을 주는가? 당신은 언제부터, 왜 위와 같은 은유를 생각하기 시작했는가? 당신이 날마다 더 큰 행복을 느끼고 싶다면 어떤 다른 은유를 떠올릴 수 있을까? 물음에 대한 답을 찾아가는 과정은 당신이 인생관을 보다 명확하게 수립할 수 있게 도울 것이다.

멘토링
Mentoring

"나에게 말하면 나는 잊을 것이요, 나를 가르치면 나는 기억할 것이요, 나를 참여시키면 나는 배울 것이다." 이 말은 중국의 사상가인 순자(Xun Kuang)의 말이다. 2,000년 전, 너무도 다른 환경을 가졌던 나라에서 나온 문장이지만 순자의 메시지는 오늘날에도 중요한 의미를 전달하는 것이다. 긍정 심리학의 연구에 따르면, 젊은이들의 성공을 돕는 진로 상담자들은 상담을 통해 내담자에게 도움을 주는 동시에 자신 역시 큰 이점을 얻는다고 한다. 특히 중년 이상의 어른과의 멘토 관계는 시간과 에너지를 투자할 가치가 있는 것으로, 의미 있는 삶을 사는데 매우 중요한 역할을 할 수 있다.

심리학적 용어로써의 멘토링은 정신분석가인 에릭 에릭슨이

1950년에 쓴 《유년기와 사회(Childhood and Society)》에 소개된 '생산성 (generativity)'이라는 개념을 기초로 한다. 이 책에서 에릭슨은 인간의 발달을 유아기부터 노년기까지 8단계로 나누고, 각 단계에서 성장하기 위한 과제를 제시한다. 에릭슨은 7단계인 중년기를 다음 세대를 위해 염려하고 지도하는 생산성의 시기라고 설명했다. 그는 대부분의 성인에게 있어서 생산성의 주된 활동이 부모의 역할이라고 보았다. 그러나 모든 부모가 자신의 아이에게만 생산적 에너지를 쏟는 것이 아니며, 부모의 역할 없이도 생산성이 훌륭하게 발휘될 수 있다고 믿었다. 즉, 생산성은 사회적 이익을 위해 중년 세대가 청년 세대와 활발하게 교류할 때 나타나는 것이다.

중년기와 중년의 위기라는 주제는 베스트셀러 작품들과 할리우드 영화를 통해 많이 다루어졌으며, 중년기에 대한 높아진 관심의 영향으로 과학적인 연구도 진행되었다. 그리고 중년이 멘토가 될 수 있는 생산성을 가지고 있음이 다수의 연구를 통해 밝혀졌다. 그 중에서 미시간대학교의 존 코트레 박사(Dr. John Kotre)는 에릭슨의 이론을 확장해 생산성을 네 가지 종류로 구분한 바 있다.

1 생물학적(biological) : 아이를 낳고 젖 먹이며 보살피는 일
2 양육적(parental) : 아이를 훈육하고 가족 전통을 전달하는 일
3 기술적(technical) : 실용적인 기술을 가르치는 일

그러나 모든 중년들이 같은 생산성을 가지고 있는 것은 아니다. 조직적인 방식이든, 자유로운 방식이든 젊은 사람들을 열심히 돕고자 하는 사람들도 있지만, 젊은이들에게 무관심하거나, 멘토링에 반대하는 사람, 젊은이나 사회초년생들과 최대한 엮이고 싶어 하지 않는 사람들도 있다. 최근 노스웨스턴 대학교의 댄 맥아담스 박사(Dr. Dan McAdams) 연구팀은 생산성이 사람에 따라 그 정도가 다르게 나타나는 것에 대한 관심을 기울이고 있다.

그렇다면 사람마다 생산성에 이렇게 차이가 나타나는 이유는 무엇일까? 그것은 우리가 성인이 되면서 만나는 롤모델의 영향이 크다. 만일 운 좋게도 우리와 허물없이 지내는 부모님과 우리에게 용기를 주는 선생님 등과 같은 멘토를 만난다면 중년기에 들어섰을 때, 우리 역시 더 활발한 생산성 활동을 펼칠 가능성이 높아질 것이다. 생산성이 높은 사람들은 당연히 시민으로서의 활동, 정치적 활동, 종교 활동에 더 활발하게 참여한다. 또한, 그들은 부모님으로서 자신의 책임이라 여기고 가치와 지혜를 전수하는 일의 중요성을 강조하며, 냉담한 사람들보다 더 행복함을 느낀다.

멘토링에 있어서 당신이 중년이든 아니든 나이는 크게 상관이 없다. 당신이 가지고 있는 생산성을 긍정적인 방향으로 표출하는 것 자체만으로 당신은 이미 의미 있는 삶을 살아가고 있는 것이다. 그리고 당신이 가지고 있는 기술, 전문 지식, 특정 영역에 대한 남다른 이해나 노하우 등 그 어떤 것이라도 멘토링의 대상이 될 수 있다.

전문 지식 나누기

멘토링을 시작할 때는 먼저 긍정적인 태도를 가지는 것이 중요하다. 효과적인 멘토링을 하고 싶다면, 아래의 가이드라인을 참고하면 도움이 될 것이다.

1 정신적 피로를 최소화하기 위해 개인적으로 관심이 있는 활동을 선택한다.
2 현실적으로 생각하자. 어떤 인간관계도 완벽하지 않으므로 예상치 못한 문제가 일어날 수도 있다.
3 상담 받는 사람의 성장을 위해 의존하기보다는 스스로 의사결정을 하도록 격려한다.
4 상담 받는 사람의 얘기를 잘 들어준다. 멘티(mentee)가 신선한 아이디어와 문제 해결 방법을 제안하도록 멘티의 이야기를 경청하는 것은 멘토와 멘티 모두에게 도움이 될 것이다.

마음 챙김
Mindfulness

아서 코난 도일(Arthur Conan Doyle)의 유명한 문학작품인 《셜록 홈스(Sherlock Holmes)》에는 "세상은 누구도 절대 주시하지 않는 뻔한 것들로 가득하다."라는 말이 나온다. 셜록은 빅토리아 시대의 가장 실력 있는 영국 탐정의 관점에서 이러한 말을 했다. 이러한 셜록의 말은, 마음 챙김을 심리적 행복의 중요한 요소로 인식하고 큰 관심을 보이는 오늘날에도 적용되는 것이라 할 수 있다. 실제로 마음 챙김은 많은 연구들을 통해 사랑이나 우정, 일의 생산성, 체력 등을 향상하는 데 아주 중요한 역할을 하는 것으로 밝혀지고 있다.

마음 챙김의 중요성을 강조해온 선구적 심리학자인 엘렌 랭거 박사(Dr. Ellen Langer)는 30년이 넘도록 하버드 대학에서 활발한 연구

활동을 하고 있다. 그녀는 사람들이 어떻게 무의식적으로 정보를 받아들이는지에 관한 연구를 하던 중, '마음 챙김'이라는 주제에 관심을 갖게 되었다. 2010년 《하버드 매거진(Harvard Magazine)》과의 인터뷰에서, 그녀는 자신의 연구에 대해 "이 분야의 인지 전문가들은 사람에 따라 다르게 생각하는 방식에 관심을 가졌습니다. 하지만 저는 '사람들이 아예 생각 자체를 하지 않을 때도 있지 않을까?'라는 궁금증이 생겼어요."라고 회고했다. 이후 랭거 박사는 후속 연구를 통해 '마음 챙김(Mindfulness)'이라는 개념을 만들어 냈다. 그녀에 따르면 "마음 챙김은 우둔함과는 전혀 다른 의미입니다. 당신은 자동적으로 과거에 구별해놓은 범주에 의존하기 때문에 현재보다 과거의 경험이 결정권을 가지게 돼요. 한 가지의 관점에 갇히는 것이죠."라고 정의한다. 그리고 다양한 연구를 통해서 그녀는 마음 챙김이 최적의 인지기능을 위해 필수적이라는 사실을 밝혀냈다.

1970년대 후반, 마음 챙김을 의학적 치료에 활용하는 시도가 있었다. 심장병 전문의인 허버트 벤슨(Herbert Benson)은 하버드대학교에서, 정신과 의사인 존 카밧진(Jon Kabat-Zinn)은 매사추세츠 대학 메디컬 스쿨에서 마음 챙김 명상이 건강에 미치는 좋은 영향을 주장하기 시작했다. 그러나 랭거 박사와 그녀의 연구팀은 마음 챙김을 단순한 휴식이나 호흡법으로 보지 않고, 삶을 향한 전반적인 태도로 인식했다. 그래서 그들은 매 순간 우리에게 무슨 일이 일어나는지 알아차리는 훈련보다 일상에서 가족, 친구, 동료들과 어울리는 일처럼 현재에 집중하자는 내면의 약속이 더 중요하다고 주장했다.

흔히 많은 사람들이 주위 사람들에 대해 현재의 삶에서 어떤 모습인지를 보기보다는 그들이 과거에 보여준 모습에 집중하곤 한다. 이와 관련하여 랭거 박사는 수많은 공개 강의에서 "사실상 우리는 모두 거의 항상 이곳에 있지 않다. 모든 개인적·대인 관계적·사회적 고통은 마음 놓침(mindlessness)의 직접적 혹은 간접적인 결과이다."라고 설명하며, 과거보다는 현재가, 마음 놓침보다는 마음 챙김이 중요하다고 강조했다. 그녀의 실험에 따르면, 일상에서의 마음 챙김에는 '새로운 자극을 추구, 새로운 자극 초래, 적응성, 개입'이라는 네 가지 측면이 있다. 한편, 하버드대학교의 레즐리 버피 박사(Dr. Leslie Burpee)는 남성과 여성의 결혼 만족도가 마음 챙김과 상당히 연관되어 있다는 사실을 발견했는데, 마음 챙김이 행복이나 배우자 간의 공통점보다도 더 중요한 요소로 작용하고 있다는 것이다.

이처럼 마음 챙김과 관련한 일련의 연구들은 정신적으로 무언가에 몰두하거나 새로운 경험에 마음이 열려 있으며 새로운 환경을 인식하는 사람일수록 더욱 만족스럽고 성취감 높은 관계를 맺을 수 있음을 보여준다. 당신이 마음 챙김을 통해 만족스러운 삶을 살아가고 싶다면, 당신이 시작해야 할 일은 과거가 아닌 당신이 살고 있는 오늘, 즉 현재에 집중하는 것이다.

현재에 집중하기

마음 챙김은 하룻밤 사이에 성취할 수 있는 일이 아니다. 프레드릭 펄스 박사(Dr. Frederic Perls)와 랄프 헤퍼린 박사(Dr. Ralph Hefferline), 작가인 폴 굿먼(Paul Goodman)이 개발한 게슈탈트 치료법(Gestalt Therapy) 가운데 두 가지 방법은 당신이 얼마든지 따라할 수 있을 정도로 쉬운 방법이다.

첫 번째 방법은 매일 정해진 시간대에 10분 정도 타이머를 설정해 놓고 조용히 앉아서 눈을 감는다. 그리고 당신의 신체에 온전히 집중한다. 머릿속의 어떤 생각에도 신경 쓰지 않는다.

두 번째 방법은 똑같은 순서로 10분 정도 시간을 맞추어 놓고 조용히 앉아 눈을 감고 소리나 향기 같은 외부 환경에 온전히 집중한다. 집중하는 능력이 향상되면 점차 할당된 시간을 늘려나가자.

무언가에 몰두하거나 새로운 것에 집중해본
경험을 적어보세요.

마음 챙기기

마음 챙김은 하룻밤 사이에 성취할 수 있는 일이 아니다. 마음 챙김을 위한 아래의 두 가지 방법은 우리도 충분히 따라 할 수 있을 만큼 쉽다.

1) 매일 정해진 시간대에 10분 정도 타이머를 설정해 놓고 조용히 앉아서 눈을 감는다. 당신의 신체에 온전히 집중한다. 머릿속의 어떤 생각에도 신경 쓰지 않는다.

2) 똑같은 순서로 10분 정도 시간을 맞추어 놓고 조용히 앉아 눈을 감고 소리나 향기 같은 외부 환경에 온전히 집중한다. 집중하는 능력이 향상되면 점차 할당된 시간을 늘려나가자.

도덕적 고양
Moral Elation

미국의 제3대 대통령인 토마스 제퍼슨(Thomas Jefferson)이 긍정 심리학의 새로운 분야를 탄생시키는 데 도움을 주었다는 사실을 들어본 적이 있는가? 놀랍게도 제퍼슨 덕분에 선량한 행동을 목격할 때 고조되는 감정을 일컫는 '고양(elation)'에 대한 연구가 시작되었다. 몇 년 전, 뉴욕대학교의 조너선 하이트 박사(Dr. Jonathan Haidt)는 제퍼슨의 여러 발언들 가운데 "사람들은 감사하는 마음이나 관용의 행동을 목격하거나 상상하게 되면, 자애의 아름다움에 깊이 감명 받아 선한 행동을 하고 싶은 강한 욕구를 느낀다."라는 말에 주목했다. 그리고 이러한 제퍼슨의 의견에 흥미를 느끼면서 이를 과학적으로 증명하려 시도했다. 하이트 박사 연구팀은 여러 차례의 실험을 통해 제퍼슨의 견해가 과학적으로 사실이라는 결론을 얻을 수 있었다. 이들의 연구 결과에 따르면, 주관적인 감정의 측면과 아울러 객관적인 결과의 측면에서도 고양의 감정은 순간적인 행복과 구별되는 실제 정서 상태였다. 고양의 감정은 구체적으로 '마음속에 희망적이고 따뜻한 기분이 일어나며 남을 돕는 더 나은 사람이 되고 싶어 하는 감정'을 말한다.

실험 결과에 따르면, 우리의 감정을 자극하는 다큐멘터리나 영화도 도덕적 고양을 일으킨다. 이는 정신 건강 전문의의 치료법과 일치하는 결과이기도 하다. 예를 들어 내가 특정한 상황에서 어떤 영화를 활용하는 게 좋을지 문의하는 글을 인터넷에 올리면 각국의 동료들이 앞다투어 무슨 영화가 환자의 기분을 고양하는 데 효과적인지 알려준다. 영화 《간디(Gandhi)》나 《쉰들러 리스트(Schindler's List)》 같은 서사시적 영화부터 《책 도둑(The Book Thief)》,《사랑의 블랙홀(Groundhog Day)》처럼 가볍게 볼 수 있는 영화까지 추천하는 영화는 매우 다양하다. 졸업생들이 모이는 웹 사이트에 내가 영화에서 얻는 개인적 행복에 관련된 글을 올리자 진심 어린 답변들이 많이 올라왔다.

"7년 동안 미디어 세일즈 분야에서 일하고 나니 새로운 도전을 바라게 되었어요. 그러다 교육자 제이미 에스칼란테(Jaime Escalante)에 관한 영화 《스탠드 업(Stand and Deliver)》을 보았죠. 제가 대학생과 고등학생을 가르치는 일을 하는 데 가장 영향을 많이 준 요소예요."

"교착 상태의 살인 사건 배심원단에 관한 이야기인《12명의 성난 사람들(12 Angry Men)》이 기억에 남아요. 불리한 상황에서 맞서는 한 사람이 전체적인 결과를 바꿀 수도 있다는 걸 깨달았습니다."

고양에 대한 연구 분야를 이끄는 주요 인물 중의 하나인 신시내티 자비어 대학교의 라이언 니믹 박사(Dr. Ryan Niemiec)는, 영화로 인한 고양 효과는 영감을 주는 영화 캐릭터나 주제를 본 후 다양한 방법으로 나타날 수 있다고 주장한다. 예를 들어, 스스로 성장하기 위해 주인공의 대단한 장점을 배우고 싶어 하는 것을 들 수 있다. 《쇼생크 탈출(The Shawshank Redemption)》을 보고 난 후 어떤 관객은 자신의 삶에서도 희망과 인내심을 실천하게 된다. 어떤 사람들은 영화 《아티스트(The Artist)》를 보고, 열정보다 삶에 대한 감사한 마음에 감명을 받는다. 이처럼 영화에서 의도한 장점이나 가치와는 다른 측면에서 영향을 받을 수도 있다. 달라진 인생관을 통해 스스로 발전하거나 좋은 일을 하고 싶은 의욕을 느끼는 사람도 있다. 나의 전문적 경험을 비추어 봤을 때 이러한 영향을 주는 영화들에는 《이보다 더 좋을 순 없다(As Good As It Gets)》,《파인딩 포레스터(Finding Forrester)》, 프랑크 카프라 감독의 명작《멋진 인생(It's a Wonderful Life)》 등이 있다. 그리고 다행히도 이러한 영화들 외에도 우리에게 영감을 주는 영화들은 매우 많다.

도덕적 고양을 위한 영감을 얻기 위해서는 다음과 같이 당신의 경험을 되돌아보고, 고민해보는 시간이 필요하다.

도덕적 고양을 위한 영감

고양의 감정은 개인적 행복을 자극할 뿐만 아니라 좋은 일도 하도록 돕기 때문에 당신이 목격했던 친절하고 용기 있고 이타적인 행동을 떠올리면, 고양의 감정을 얻는데 도움이 될 것이다. 그리고 다음과 같은 질문에 답을 해보자.

1 누군가 일상에서 용기 있거나 이타적인 행동을 하는 것을 마지막으로 목격한 적은 언제인가?

2 그때 어떤 감정이 생겼는가?

3 그 감정을 다른 사람과 나눌 수 있는가?

4 일시적으로라도 당신을 더 나은 사람으로 만들어준 영화나 동영상은 어떤 것이 있는가?

5 인간성에 대한 고양이 필요한 10대 청소년에게 어떤 영화를 추천하고 싶으며 이유는 무엇인가?

노스탤지어
Nostalgia

당신은 감성적인 추억을 잘 떠올리는 편인가? 사진 앨범을 자주 들춰보거나, 라디오나 유튜브, 다른 미디어를 통해 흘러간 노래들을 즐겨 듣는 편인가? 만일 이것들이 당신에게 해당하는 것이라 해도 부끄러워할 필요는 없다. 사회과학자들은 노스탤지어가 사실 우리의 행복에 이롭다고 밝히고 있다. 정서적으로 건강할수록 더 쉽게 감상적이게 된다는 것이다.

그러나 노스탤지어가 항상 긍정적인 개념으로 받아들여진 것은 아니다. 어원을 살펴보면 '노스탤지어(Nostalgia)'는, 고대 그리스어로 귀향을 의미하는 'nostos'와 고통, 괴로움, 슬픔을 의미하는 'algos'가 합성된 단어이다. 즉 고향에 대한 그리움으로 인한 고통과 슬픔 등의 감정들이 노스탤지어라는 것이다. 이 노스탤지어는 스위스의 의사인 요하네스 호퍼(Johannes Hofer)에 의해 1688년에 의학 논문을 통해 처음 소개되었다. 호퍼는 고향을 떠난 스위스 용병들에게서 나타난 슬픔, 정신력 약화, 체력 저하 등의 증상과 그들의 극심한 정신적 고통을 설명하는 단어로 노스탤지어를 제시하였다. 이후 몇 백 년 동안, 노스탤지어는 향수병을 의미하는 동시에, 비정상적인 상태를 암시하는 의학적 용어로 사용되었다. 처음 노스탤지어란 단어가 사용된 대상이 스위스 용병들이었기 때문에 한동안 적지 않은 의학 연구자들은, 이 증상이 스위스 인들에게만 나타나는 증상이라 여기기도 했다.

이후 1950년대에 들어서면서 노스탤지어는 향수병을 의미하는 것이 아니라 스스로 과거를 돌아보며 즐긴다는 의미로 사용되기 시작했다. 긍정 심리학에서 노스탤지어가 우리 삶에서 어떠한 역할을 하는지를 설명하고자 하는 시도가 이루어진 것이다. 이러한 변화가 일어난 데에는 《데스 벨리 데이즈(Death Valley Days)》, 《딜론 보안관(Gunsmoke)》, 《웨건 트레인(Wagon Train)》처럼 미국의 옛 서부 시대를 기리던 TV 프로그램의 영향이 컸다. 특히 《달려라 래시(Lassie)》라는 드라마의 경우 전통적인 미국 농장의 따스함을 묘사한 작품으로, 흥겨운 농장에서 자란 베이비붐 세대가 노스탤지어를 긍정적인 감정으로 받아들이는 첫 세대인 이유를 보여주고 있다. 대부분의 사람은 어린 시절보다는 10대 시절이나 젊은 시절을 떠올리며 향수에 젖는데, 아마도 처음 느꼈던 자유와 무궁무진한 가능성을 회상하기 좋아하기 때문일 것이다.

사람들은 노래나 향기 같은 감각 때문에 향수에 빠지기도 한다. 그러나 이러한 현상은 흥미롭게도 미국 내 지역별로 차이가 있는 것으로 나타나고 있다. 앨런 허시 박사(Dr. Alan Hirsch)가 《소비자연구 발달(Advances in Consumer Research)》저널에 소개한 것처럼, 동부 사람들은 꽃향기에 행복한 어린 시절 기억을 떠올렸지만, 남부 사람들은 상쾌한 시골의 공기에 반응한다. 중서부 사람들은 가축의 냄새에 옛 추억을 회상하고, 서부 사람들은 고기 굽는 냄새를 맡고 행복한 어린 시절의 추억에 빠졌다. 남성들은 빈티지 자동차나 아주 중요한 운동 경기를 떠올리며 향수에 젖기도 했지만, 여성들은 가족이나 친구들과 연관된 특정한 사건을 기념하는 물건을 보며 추억에 빠지는 경향을 보였다. 그리고 많은 사람이 큰 명절에 즐거운 기억을 떠올리고 있는 것으로 나타났다.

더 중요한 점은 노스탤지어가 정신 건강에 도움이 된다는 사실이다. 중국의 신위에 저우 박사(Dr. Xinyue Zhou)가 이끄는 국제 연구팀은 사람들이 노스탤지어로 인해 가족이나 친구들과 더 가깝게 느끼기 때문에 결과적으로 외로움을 덜 느낀다는 사실을 발견했다. 저우 박사의 연구 결과는 영국 사우스 햄튼 대학교의 팀 와일드슈트 박사(Dr. Tim Wildschut)의 초기 연구 결과를 뒷받침해준다. 두 연구 모두 스트레스로부터 빠른 회복력을 가진 사람들이 더 능숙하게 노스탤지어를 활용해 행복한 기분을 느끼게 된다고 주장하고 있다.

물론 지난 추억에 지나치게 빠져 있는 것은 건강하지 않은 일이다. 과거에 지나치게 정신을 쏟으면 현재를 온전히 누리며 살 수 없게 되며, 현재 인간관계에 집중하지 못하게 되기 때문이다. 그럼에도 불구하고 적당한 노스탤지어는 우리가 주위 사람들과 더 가까워지도록 도와줄 것이다. 물론 당신 역시 노스탤지어를 통해 행복을 느낄 수 있다.

기억에 남는 음악

당신을 향수에 젖게 만드는 노래 세 곡을 떠올려보자.

1 각 노래를 들을 때 당신에게 떠오르는 추억은 무엇인가?
2 당시 상황과 함께 있었던 사람을 설명해보자.
3 어떻게 하면 이 추억에 더 행복한 기억을 덧입힐 수 있을까?

질문에 대한 답을 찾아가다보면 당신의 노스탤지어에 행복한 기억을 더할 수 있는 방법을 찾게 될 것이다.

후회 극복
Overcoming Regrets

인생에서 당신이 후회하는 일은 무엇인가? 아마 역사가 기록된 이래 모든 사람에게 후회하는 일 한 가지씩은 있는 듯하다. 이집트의 노예였던 고대 히브리인들은 이집트를 떠난 것을 후회하고 불안함에 모세를 탓했다. 미국의 혁명적인 스파이 네이선 헤일(Nathan Hale)은 조국을 위해 바칠 목숨이 하나뿐인 것을 아쉬워했다. 가장 위대한 기업가였던 스티브 잡스도 마지막 인터뷰에서 자신의 네 아이와 더 가깝게 지내지 못한 것이 후회된다고 밝혔다.

그러나 학자들은 후회에 대해 최근에서야 관심을 갖기 시작했다. 100여 년 전, 지그문트 프로이트는 빈에서 온 중산층 환자들로부터 그들이 죄책감을 많이 느끼고 있음을 발견했고, 그것을 억압된 성적 사고와 연결 지었다. 오늘날 심리학자들은 후회나 한탄의 감정을 좀 더 광범위한 현상으로 본다. 우리의 생각이나 행동에 대한 죄책감 없이도 얼마든지 후회할 수 있다는 것이다. 오늘날의 심리학 연구는 우리가 '무엇'을 후회하는지, 얼마나 '자주' 후회하는지, 어떤 '강도'로 후회하는지를 중요하게 다루고 있다. 모든 사람이 과거의 실수나 인생에서 아깝게 놓친 기회에 집착하는 것은 아니지만, 후회는 보편적인 감정이며 실수를 머릿속에서 지우지 못하는 사람도 있다.

그렇다면 긍정 심리학은 후회에서 무엇을 발견했을까? 우선, '행동'하고 난 후 드는 후회와 '행동하지 않아서' 생기는 후회에는 큰 차이가 있다는 것이다. 어떤 행동을 하고 나서 후회할 때는 분노("내가 어떻게 저런 차를 사는 어리석은 짓을 한 거지?") 같은 불같은 감정이 일어난다. 하지만 행동하지 않아서 후회할 때는 보통 아쉬움("내가 클리블랜드에 남지 않고 케시와 런던으로 떠났다면 어땠을까?")이나 절망감("왜 내가 갈 수 있었을 때 로스쿨을 가지 않았을까?, 생명 보험만 팔다가 인생을 다 허비하겠어.")을 느낀다. 이와 관련한 연구 결과를 보면 사람들은 행동으로 인한 단기적인 후회를 하지만, 나이가 들면서 반대 현상이 일어난다는 사실을 알 수 있다. 이로 비추어볼 때, 20~30대의 젊은 친구들은 주로 그들이 저지른 어리석은 행동을 후회하는 경우가 많을 것이다. 반면, 중년 이상의 어른들은 그들이 '하지 않은 일'에 대해 후회할 가능성이 크며, 이 후회가 전자보다 훨씬 고통스럽다.

한 가지 확실한 것은 극심한 후회는 우리의 정신 건강뿐만 아니라 신체적 건강에도 좋지 않다는 것이다. 토론토 써니 브룩 보건센터의 이사벨 바우어 박사(Dr. Isabelle Bauer)가 진행한 연구에 따르면, 성공한 친구들이나 이웃과 자신을 비교하는 사람들은 자신보다 힘든 사람들과 비교하는 사람들보다 감기에 더 자주 걸렸다. 몬트리올 컨커디어 대학교의 카스텐 로쉬 박사(Dr. Carsten Wrosch)는 중장년층 가운데 극심한 후회를 하는 사람들은 잠들기 어려우며, 코티솔 호르몬이 불균형 상태가 되고 행복함을 잘 느끼지 못한다고 밝혔다.

후회를 줄이고 우리의 정신적 행복을 향상하는 방법을 배울 수 있을까? 과학적 연구 결과를 보면 불가능한 일도 아니다. 최근의 실험 연구에 따르면, 괴로운 개인적 경험을 꾸준히 일기로 쓰면 그 일을 받아들이고 놓아주는 데 도움이 된다. 영국 작가인 캐서린 맨스필드(Katherine Mansfield)의 "후회는 쓸데없는 에너지 낭비일 뿐이다. 후회라는 감정에 빠진 것 외에 무언가를 이루거나 얻을 수 있는 것은 없다."라는 말처럼 말이다. 당신 역시 후회를 떠나보냄으로써 행복을 찾을 수 있다.

과거는 과거일 뿐

하지 못해서 후회되는 과거의 일을 떠올려보고 충분한 시간을 들여 그 일에 대해 자세히 적어보자. 그리고 그 일에 대한 후회의 감정을 떠나보내자. 후회의 감정을 끊어내기 위해 철저하게 '현실을 직시하는 것'이 도움이 되어줄 것이다. 만약 정말 그 일을 했다면 당신의 인생은 크게 달라졌을까? 아니면 우리의 불완전한 세상에 완벽한 시나리오를 상상하며 득 될 것 없는 환상을 갖는 것인가?를 생각해보라.

절정 체험
Peak Experiences

"만일 당신이 서른 살이 되어 한고비를 넘기고 문득 늦은 오후의 환한 빛 한 줌을 삼킨 것처럼 완전하게 행복하다는 느낌에 사로잡힌다면 어떻겠는가?" 이는 영국 작가인 캐서린 맨스필드(Katherine Mansfield)가 자신의 저서 《행복(Bliss)》에서 던진 질문이다. 비록 맨스필드는 그 후로 4년밖에 살지 못했지만, 당시 그녀 자신이 서른 살이었고 그녀의 인생은 눈부신 순간들로 가득 찼었다. 아마 그녀는 행복함이 우리의 정신적·신체적 건강에 미치는 좋은 영향에 대해 밝힌 에이브러햄 매슬로에게 감사했을지도 모른다.

매슬로는 캐서린이 느낀 것처럼 인생의 눈부신 순간들을 '절정 체험(peak experiences)'이라고 불렀다. 절정 체험은 매슬로가 나중에

'자아실현인(self-actualized)'이라고 부르는 사람들, 즉 정서적으로 건강하고 성취감이 높은 성인들에게서 처음 발견한 개념이다. 당시만 해도 심리학은 주로 정신적으로 아프거나 평균적인 보통 사람들에게 중점을 두고 있었기 때문에 브루클린 대학교의 젊은 교수였던 그는 자신의 연구가 얼마나 획기적인지 알고 있었다. 매슬로는 이후에 이렇게 밝혔다. "인간이 얼마나 빨리 달릴 수 있는지 알고 싶을 때 전체 인구 중 그저 '잘 달리는' 사람들의 평균 속도는 아무 도움이 되지 않는다. 올림픽 금메달 선수들을 모아 얼마나 빨리 달릴 수 있는지 보는 것이 낫다."

고성취자들(high achievers)을 인터뷰하면서 매슬로는 그들이 환희를 느끼고 일상에서 성취감을 느끼는 순간이 잦다는 사실을 발견했다. 흥미로운 점은 그들이 그러한 순간을 묘사할 때 사용하는 단어들이 역사상 위대한 현자들의 말과 닮아 있다는 것이다. 오랜 기간 종교 교리를 믿지 않던 매슬로는 이와 같은 결과에 당황했지만, 과학적 증거를 무시할 사람은 아니었다. 그는 과학계에 연구 결과를 밝힐 준비가 될 때까지 전기나 자세한 인터뷰, 대학생들의 설문조사 등으로 서서히 데이터를 모았다. 그리고 1956년 미국심리학회에서 발표한 그의 논문에는 인간의 가장 높은 도달점과 절정 체험 사이의 관계가 명시되어 있으며, 아주 행복한 순간, 경외감을 느끼는 순간, 시공간의 감각을 상실하는 순간, 우주의 장엄함 앞에

무릎 꿇는 순간 등을 포함한 20가지의 숭고한 순간이 묘사되어 있다.

아마도 매슬로의 논문에서 가장 중요한 부분은 절정 체험이 무언가를 변화시킬 만큼 심오한 결과를 남긴다는 것이다. 그는 이렇게 덧붙였다. "사람은 인생이 단조롭고 재미없으며 괴롭고 만족하지 못하더라도 가치가 있다고 느끼기 쉽다. 살아가기 위해서 아름다움, 진실, 의미 등을 보기 때문이다." 후년에 가서 매슬로는 우울증이나 알코올 중독, 약물 중독 같은 정서장애를 앓는 많은 사람은 경이로운 순간들이 부족하기 때문이라고 판단했다. 그래서 자신의 저서 《신앙과 가치, 절정 체험(Religions, Values, and Peak-Experiences)》을 통해 "절정 체험의 힘은 인생을 향한 태도에 영구적인 영향을 미칠 수 있다. 천국에서 짧은 순간을 경험하고 나면 천국을 다시 경험하지 못할지라도 존재를 믿게 된다."고 언급했을 것이다.

지난 십 년 동안, 나는 동료들과 함께 세계적으로 청년층과 중년층의 절정 체험에 대해 탐구했다. 브라질부터 칠레, 홍콩, 일본까지 모든 국가와 지역에서 가장 두드러지는 절정 체험은 인간관계에서 오는 즐거움인 것으로 나타났다. 그 다음으로는 미적 즐거움, 자연, 외부적인 성취, 종교 활동, 전문 기술 등과 관련된 사건에서 절정 체험을 경험했다. 이는 당신 역시 다양한 요소를 통해 절정을 체험할 수 있음을 보여준다.

행복의 절정

지난 해, 당신이 경험한 절정 체험에 대해 설명해보자. 당시
당신은 누군가와 함께 있었는가? 아니면 홀로 절정을 경험하
였는가? 이렇게 큰 행복의 순간을 경험한 계기는 무엇인가?
절정 체험을 겪은 후 당신의 인생관은 어떻게 변화했는가? 더
멋지고 아름다운 경험을 하기 위해 어떻게 해야 할까? 이 질
문들에 답을 하다보면, 당신은 앞으로 더 많은 절정을 체험할
수 있게 될 것이다.

반려동물

Pets

당신은 강아지나 고양이를 사랑하는가? 아니면 새나 물고기에 매력을 느끼는가? 페럿이나 햄스터, 토끼, 뱀 같은 동물들은 어떠한가? 집에서 키울 수 있는 동물들은 수도 없이 많다. 대부분의 미국 가정에서는 동물을 기르고 있으며, 많은 반려동물들이 가족의 일원으로 사랑받고 있다. 이미 오래전부터 동물들은 사랑을 받아 왔는데 2,500여 년 전 호메로스(Homer)의 《오디세이아(Odyssey)》에 등장하는 아르고스(Argos)는 서양 문학에서 처음으로 언급된 동물인 개이다. 게다가 가장 충직한 개인 아르고스는 20년 동안 오디세우스가 돌아오길 기다리며 그가 다시 돌아왔을 때 유일하게 그를 알아봐 준 생명체다.

지그문트 프로이트와 그의 딸인 안나 프로이트 박사는 개를 키웠고, 칼 융은 작은 돼지를 줄에 매고 산책을 했다. 하지만 오늘날 반려동물에 대한 심리학적 연구는 최근에서야 활발히 이루어지고 있다. 초기 연구가인 제임스 보사드 박사(Dr. James Bossard)는 제2차 세계 대전 중 긍정적인 기사인 "개를 키울 때의 정신 위생"을 썼고 보리스 레빈슨 박사(Dr. Boris Levinson)는 1960년대 동물매개치료(AAT: animal-assisted therapy)를 처음 시작했다. 그는 "공동 치료사로서의 개" 라는 기사에서 그의 반려동물인 징글이 사회적으로 고립된 한 소년 환자를 어떻게 돕는지를 설명했다. 후속 연구에서 레빈슨 박사는 정서적으로 고통받는 어린이들에게 반려동물이 주는 치료 효과에 대해 강조했으며, 이후 자폐증 같은 인지 장애가 있는 학생들과 인간면역결핍바이러스(HIV)에 걸리거나 외상성 뇌 손상, 치매, 다른 주요 건강 문제를 앓고 있는 성인들에게도 반려동물을 이용한 치료가 효과적이라고 발표했다. 또한 전문가들은 반려동물이 인간의 건강과 행복에 도움을 준다고 보고하고 있으며, 과학적 연구를 통해 실제로 반려동물은 우리의 혈압을 낮춰주고 외로움을 덜 느끼게 하며 자존감을 높여준다는 사실도 밝혀졌다.

반려동물을 키우는 것이 정확히 어떻게 심리학적으로 인간에게 도움을 주는 것인지는 여전히 수수께끼로 남아 있다. 하지만 최근 《사이언스(Science)》에 소개된 연구에서 그 힌트를 얻을 수 있다. 일본의 연구원들은 개가 자신의 주인을 오랫동안 바라볼 때 뇌의 행복한 호르몬인 옥시토신의 수치가 상승한다는 것을 발견했다. 개의 눈길을 받은 주인도 역시 옥시토신이 많이 분비되었다. 연구원들이 개들에게 코에 뿌리는 스프레이를 통해 옥시토신을 더 투여하자 개들은 자신의 주인을 더 오랫동안 바라보았다. 결과적으로 주인의 옥시토신 수치도 더 증가했다. 듀크 대학교 애완견 지능 센터의 공동 책임자인 에반 맥클린 박사(Dr. Evan Maclean)는 이러한 연구 결과에 대해 다음과 같이 설명했다. "개들은 아마 기분이 좋기 때문에 주인을 바라볼 거예요. 눈빛으로 주인을 안아주는 거죠."

현재 반려동물이 주는 행복과 관련한 연구를 선도하는 두 곳의 전문 기관이 있다. 먼저 미국에는 과거 델타 파운데이션(Delta Foundation)이라 불렸지만, 현재는 펫 파트너(Pet Partners)로 불리는 단체가 있다. 해당 단체는 1977년에 의사와 수의사들에 의해 설립된 곳으로, 도우미견 훈련사를 찾는 장애를 가진 사람들을 위해 봉사하는 국립 도우미견 센터를 설립했다. 다음으로 2006년에 스위스 취리히에서 설립된 국제 동물매개치료 협회가 있다. 이 협회에서는 정신의학 전문의와 수의학 전문의로 구성된 연구진들이 세계적으로 동물매개치료의 기준과 교육, 관련 활동을 향상하기 위해 애쓰고 있다.

이처럼 반려동물이 주는 행복이나 여러 긍정적인 효과들은, 당신 역시 반려동물을 통해 행복을 얻을 수 있다는 가능성을 보여주는 것이다. 그러니 당신이 행복해지고 싶다면 반려동물에 대해 한 번 생각해보는 것도 나쁘지는 않다.

반려동물에 대해 생각하기

만약 당신이 현재 반려동물을 키우고 있다면, 그 반려동물이 일상적인 행복에 어떤 영향을 주는지 적어보자. 당신의 반려 동물은 언제, 어떻게 당신의 삶에 들어오게 되었는가? 당신은 반려동물의 어떤 면을 가장 좋아하며, 그 이유는 무엇인가?

만일 당신이 반려동물을 키우고 있지 않다면 동물 보호소에서 봉사 활동을 해보는 것은 어떨까? 또한 당신은 당신이 살고 있는 지역에서 열리는 반려동물 행사에 참석해볼 수도 있다. 이러한 행사는 주로 보호소나 구조단체에서 가족이 없는 고양 이, 강아지, 토끼, 기타 동물들에게 새로운 가정을 찾아주기도 한다. 그곳에서 당신은 당신에게 행복을 느끼게 해줄 반려동 물을 만나게 될 지도 모른다.

{ *Pets* }

반려동물

기르고 싶은 혹은 기르고 있는
반려동물에 대해 적어보세요.

행복을 주는 반려동물

전문가들은 반려동물이 인간의 건강과 행복에 도움을 준다고 보고했다. 실제로 반려동물은 우리의 혈압을 낮춰주고 외로움을 덜 느끼게 하며 자존감을 높여준다는 사실이 과학적으로 밝혀졌다. 일본의 연구원들은 개가 자신의 주인을 오랫동안 바라볼 때 뇌에서 행복 호르몬인 옥시토신의 수치가 상승한다는 것을 발견했다. 개의 눈길을 받은 주인도 역시 옥시토신이 많이 분비되었다.

사진
Photography

사진 찍기는 그저 취미일까? 아니면 자아실현을 위한 한 방법으로 개인 행복에 도움을 주는 것일까? 오늘날 긍정심리학뿐만 아니라 할리우드에서도 이 흥미로운 질문에 관심을 보이고 있다. 영화 《월터의 상상은 현실이 된다(The Secret Life of Walter Mitty)》에서 묘사된 것처럼, 숀 펜(Sean Penn)이 연기한 영화 속 주인공인 션 오코넬(Sean O'Cornnell)은 유명하고 모험심 많은 보도 사진가이다. 사무실에만 앉아서 일하는 따분한 월터에게 그는 영웅이기도 하다. 몇 년간 메일을 통해서만 연락하던 그들은 마침내 히말라야 산맥 정상에서 만난다. 유령 같은 눈 표범을 찍으며 션이 남긴 말은, 영원한 공상가인 월터를 바꿔놓았다. "그냥 이 순간에 머물 뿐이야. 바로 이 순간."

마이너 화이트(Minor White)는 '마인드풀 포토그래피(mindful photography)'이라는 개념을 처음 떠올린 인물이다. 그는 1940년대에 당시 유명한 사진작가인 알프레드 스티글리츠(Alfred Stieglitz), 안셀 애덤스(Ansel Adams), 에드워드 웨스턴(Edward Weston)과 함께 공부했으며, 특히 스티글리츠의 사진 속 피사체가 현실의 형태에 대한 시각적 은유가 되는 "이퀴벌런트(the equivalent)"라는 표현 방식에 큰 영향을 받았다. 이후 MIT에서 선불교(Zen Buddhism)에 깊이 빠지게 된 화이트는 사진뿐만 아니라 삶에서도 명상과 마음 챙김이 얼마나 중요한지를 강조했다. "당신이 집중하고 있는 대상이 당신의 존재를 확인할 때까지 움직임 없이 고요하게 있어야 한다. 때 묻지 않은 눈에는 그만의 특별한 재능이 있다. 신선함과 호기심 가득한 아이의 눈으로 보는 것이다."

사진이 마음과 어떻게 연결되는지에 대한 과학적인 연구 결과는 미비하지만, 점점 더 많은 의료 종사자들이 환자들의 정서에 도움을 주기 위해 사진을 활용하고 있다. 2008년 핀란드에서 사진 치료와 치료적 사진 기법에 관한 첫 국제 컨퍼런스가 열렸으며 예술 치료사, 심리학자, 사회 복지사 등이 참여해 의견을 나눴다. 특히 《사진치료기법(Phototherapy)》의 저자이자 이 분야의 권위자인 주디 와이저(Judy Weiser)는 개인적인 스냅사진과 가족 앨범, 타인이 찍어준 사진들이 어떻게 자아 성찰에 도움을 주고 치료를 위한 의사소통을 향상시키는지 설명하며 효과적인 방법도 소개했다. 원래 아트 테라피의 일종으로 여겨졌던 사진 치료는 개인의 행복을 위한 방법으로 인식되어 성인 취미반이나 워크숍 등에서 인기를 얻고 있다. 이러한 프로그램들은 사진을 어떻게 자기성찰을 위한 시각적 일기로 활용하고, 사진 촬영을 통해 좋은 기억과 순간을 간직하며, 창의성을 키우고 타인과의 관계를 탄탄히 하는지 알려준다.

학교에서도 마인드풀 포토그래피가 활용되고 있다. 아일랜드 국립 대학교의 시얼샤 겝헤인 박사(Dr. Saoirse Gabhainn)와 제인 식스미스 박사(Dr. Jane Sixsmith)는 8~12세의 어린이들을 대상으로 웰빙의 개념을 가르치는 프로젝트에서 첫 번째 그룹에게는 '자신이 좋아하는 것'을 찍으라고 지시했고, 사진을 찍은 후에는 해당 사진들을 '내가 가장 사랑하는 사람들', '먹을 것과 마실 것', '동물/반려동물' 등으로 분류했다. 연구원들에 따르면, 웰빙의 개념을 가르치는 데 사진은 효과적인 교육 방법이었다. 영국 셰필드 할람 대학교의 앤 켈럭 박사(Dr. Anne Kellock)는 가난한 뉴질랜드 마오리족의 9~10세 아이들이 사진을 찍는 행위를 통해 자신들의 삶에서 중요한 면을 발견한다는 사실을 밝혀내기도 했다. 대학생을 대상으로 사진 기법을 활용하는 심리학자들도 존재한다. 제임스 매디슨 대학교의 제이미 커츠 박사(Dr. Jaime Kurtz)와 리버사이드 캘리포니아 주립 대학교의 소냐 류보머스키 박사는 최근 대학생을 위한 안내서에 일상에서 기쁨을 주는 것을 찍은 다음 그룹으로 모여 의견을 나누어 보라고 권장했다.

마인드풀 포토그래피가 당신에게도 긍정적인 효과를 가져다줄 수 있는지 한 번 확인해보는 것이 어떨까?

순간을 이미지화하기

사진을 찍을 때는, 동물이나 건축물, 인물처럼 찍을 주제를 먼저 정한다. 그리고 주제에 맞는 색다른 이미지를 찾아보자. 사진을 찍는 일을 통해 마음 챙김을 극대화하기 위한 아래의 방법을 참고해보는 것이 좋을 것이다.

1. 색을 촬영할 때 당신의 눈과 마음이 하나가 되기 때문에 다채로운 대상을 찾은 후 가까이 접근하라.

2. 질감을 나타내는 사진을 찍는다. 질감은 항상 빛의 성질에 영향을 받는다. 당신이 보고 있는 물체를 만지고 있다고 상상하자.

3. 인물 사진을 찍을 때는 당신이 잘 아는 사람들부터 시작하자. 그들이 멋지게 보여야 한다는 부담감을 떨쳐버릴 때 그 순간을 즐기는 참된 그들의 모습을 찍을 수 있을 것이다.

19세기의 위대한 시인인 퍼시 셸리(Percy Shelley)는 "시는 세상의 숨겨진 아름다움을 밝혀주고 익숙한 것들을 익숙하지 않은 것처럼 느끼게 해준다."라고 말했다. 그는 자신의 글솜씨로 사람들을 진심으로 행복하게 해줄 수 있다는 사실을 알았다. 로마의 영향력 있는 의사였던 소라누스(Soranus)는 조증 환자에게는 비극 문학을, 우울증 환자에게는 코미디 문학을 처방했다. 이처럼 사람들을 행복하게 만드는 문학의 힘은 오래전부터 알려져 있던 것이다.

지그문트 프로이트나 칼 융 같은 심리 치료의 초기 창시자들은 시인의 가치를 칭송했지만, 시 치료(poetry therapy)가 심리 치료의 한 분야로 인정받은 지는 얼마 되지 않았다. 《치료법으로써의 시문학(Poetry in the Therapeutic Experience)》의 저자인 아서 러너 박사(Dr. Arthur Lerner)는 1976년에 로스앤젤레스에 시 치료 협회를 설립했다. 4년 후 레너 박사와 동료들이 주최한 전국 집회 덕분에 이 분야의 가장 큰 전문 기관이자 《시 치료 논문(Journal of Poetry Therapy)》을 작성한 기관인 전미시치료협회가 설립될 수 있었다.

오늘날 시는 상담이나 심리 치료, 다른 임상 현장에서 많이 활용되고 있다. 또한 연구원들은 시의 효과를 입증하는 과학적 증거도 모으고 있다. 2008년, 텍사스 A & M 대학교의 베스 분 박사(Dr. Beth Boone)와 린다 카스티요 박사(Dr. Linda Castillo)는 시 치료가 가정 폭력 상담자의 외상 후 스트레스 장애(PTSD) 증상을 완화하는 데 도움을 준다는 사실을 발견했다. 가정 폭력과 관련된 감정을 담은 시를 쓴 사람들은 시를 쓰지 않은 사람들보다 PTSD 증상이 감소했다. 최근에는 필리핀 미리암 대학교의 그레이스 브릴란츠-에반 젤리스타 박사(Dr. Grace Brillantes-Evangelista)가 학대받은 경험이 있는 청소년들의 우울증에 있어서 시가 효과적으로 우울증을 감소시킨다는 것을 발견했다. 그리고 시 치료의 효과는 말기 환자의 고통 완화 치료부터 심리 치료까지 다양한 건강 분야에서 입증되고 있다.

이러한 연구 결과를 비추어보면, 예일 의과 대학교에서 2011년부터 학생들을 위한 시 창작 대회를 주최하는 일은 전혀 놀라운 것이 아니다. 시 창작 대회를 위해 학생들은 신화적인 주제부터 일상적인 주제, 실어증이나 수술에 이르기까지 매우 다양한 주제의 시를 450편 이상 제출하고 있다. 존 키츠(John Keats), 워커 퍼시(Walker Percy), 윌리엄 카를로스 윌리엄스(William Carlos Williams) 같은 저명한 작가들도 모두 능력 있는 의사였지만, 예일 의대에서 열리는 시 창작 대회의 목적은 문학계의 우상을 배출해내는 것이 아니었다. 티모시 더피 박사(Dr. Timothy Duffy)에 따르면 "시는 특히 초년생 시절 치료할 때 소모되는 감정을 다루는 동시에 환자에게 올바른 질문을 할 수 있도록 우리의 마음을 열어주는 것"이기 때문이다. 이를 위해 학교 측은 학생들에게 시를 포함한 문학 필독서 목록을 제공하고 있다.

미국의 국민 시인인 나타샤 트레더웨이(Natasha Trethewey)는 마지막 강의에서 자신의 어린 시절에 시에서 어떤 영감을 받았는지, 10대 시절 어머니의 끔찍한 죽음으로 고통 받았을 때 어떻게 시로부터 치유 받았는지 이야기했다. 미국 의회도서관 앞에서 그녀는 "시는 시공간을 뛰어넘어, 우리를 갈라놓고 우리를 파괴하는 모든 것을 초월하여 우리를 하나로 이어주는 신성한 언어이다. 시는 우리 본성의 선한 천사를 일깨워주고, 우리 안에 있는 감정적 경험과 타인을 공감하는 마음을 불러일으킨다."라는 말로 감동적인 연설을 끝마쳤다.

이처럼, 많은 사람들이 시가 주는 행복에 대해 이야기하고 있다.

그러니 당신도 시를 통해 긍정적인 마음과 행복을 누릴 수 있는 방법을 찾아보는 것이 어떨까?

내면에 있는 시인 찾기

아마도 당신은 시를 쓴지 꽤 오래되었을 지도 모른다. 그래서 시를 쓰는 일을 어렵게 느낄 수도 있겠지만, 다음의 방법이 당신에게 도움이 될 수 있을 것이다. 먼저 개인적으로 의미 있는 일을 주제로 선택해보자. 어떤 시인들은 즉흥적으로 단어를 떠올리길 선호하지만, 시점(1인칭, 2인칭, 3인칭)과 스타일(정형시, 자유시)을 정해 놓으면 더욱 쉽게 쓸 수 있다. 주제를 선택했다면, 이제 시를 써보자. 그 다음에는 당신이 쓴 시를 소리 내어 읽으면서 다듬어 본다. 꼭 남들에게 시를 보여줄 필요는 없다. 중요한 것은 인생 경험에서 시를 통해 당신의 목소리를 찾는 것이다.

낮잠의 힘
Power Napping

실리콘밸리의 혈기왕성한 프로그래머들이 뜨기 훨씬 오래전부터 토마스 에디슨(Thomas Edison)은 지치지 않고 꿈을 좇는 모습을 끊임없이 보여주었다. "천재는 1%의 영감과 99%의 노력으로 만들어진다."는 유명한 명언처럼, 그는 밤에 3~4시간밖에 자지 않았으며 72시간 동안 쉬지 않고 일한 적도 있었다. 하지만 이는 그리 간단한 일은 아니었다. 어느 날 친구였던 헨리 포드(Henry Ford)가 에디슨의 연구실을 방문했는데, 그의 조수가 입구에서 포드를 막아 세웠다. 이유는 에디슨이 잠깐 눈을 붙이고 있다는 것이었다. "에디슨은 많이 잘 필요 없는 줄 알았는데."하며 포드가 콧방귀를 꼈다. 그러자 조수는 이렇게 답했다. "선생님은 많이 주무시지 않아요. 그저 낮잠을 자주 주무실 뿐이죠."라고.

그렇다면 에디슨은 혼자 중요한 비밀을 알고 있었던 것일까? 자신만의 낮잠 규칙을 고수하던 알버트 아인슈타인(Albert Einstein)은 어땠을까? 그는 가장 아끼는 안락의자에 앉아 연필이나 숟가락을 손에 쥐고, 밑에는 접시를 놔둔 채 잠에 빠졌다. 손에 쥐고 있던 물체가 접시로 떨어지면 쨍그랑하는 소리에 곧장 잠에서 깨어났다. 아인슈타인은 1~2분의 짧은 낮잠을 잤지만 확실히 효과는 있었다. 예술가인 살바도르 달리(Salvador Dali)도 잠에서 깰 때 물체를 활용하는 비슷한 방법의 비결을 공개했다. 정치권에서는 윈스턴 처칠(Winston Churchill)이 오후에 낮잠을 즐기는 것으로 유명했으며, 처칠의 낮잠은 낮잠의 효과를 설명하는 '파워 냅(power nap)'이라는 용어를 만들어 내기도 했다.

지난 10여 년 사이에 과학자들은 낮잠이 유아기부터 정신적·신체적 건강에 미치는 좋은 영향을 입증했다. 애리조나 대학교의 레베카 고메즈 박사(Dr. Rebecca Gómez)와 동료들은 유아기의 아이들이 낮잠을 통해 추상적인 언어를 배우는 데 도움을 받는다고 밝혔다. 호주 플린더스 대학교의 엠버 티에츨 박사(Dr. Amber Tietzel)와 리온 랙 박사(Dr. Leon Lack)는 최소 10분 정도의 낮잠을 잔 젊은이들은 낮잠을 전혀 자지 않은 이들보다 집중력과 인지 수행 능력이 높은 것으로 나타났다. 그러나 30초에서 90초 정도의 아주 짧은 낮잠은 효과가 없는 것으로 드러났다. 캘리포니아 대학교 버클리 캠퍼스의 매튜 워커 박사(Dr. Matthew Walker)와 동료들은 90분 동안 낮잠을 잔 건강한 젊은 성인들이 낮잠을 자지 않은 사람들보다 다양한 학습 업무에서 나은 성적을 냈다고 밝혔다.

과학자들은 새로운 기억을 형성할 때 활동하는 뇌의 부위인 해마를 회복하는 데 낮잠이 중요한 역할을 한다고 믿고 있다. 워커 박사 역시 "당신의 해마에 있는 이메일 저장함이 꽉 찼을 때 잠을 자면서 이메일을 비우지 않는 한, 새로운 이메일을 받을 수 없다. 당신이 잠자리에 들어 다른 폴더로 옮길 때까지 새로운 이메일은 반송될 것이다."라고 말하며 해마와 낮잠 사이의 관계를 중요하게 생각했다. 한편, 낮잠을 잘 때, 우리가 잠에 빠지기 직전 생생한 이미지가 보이는 짧은 순간인 입면 상태(hypnagogic state)를 활성화함으로써 창의성을 높여준다고 믿는 과학자들도 있다.

최근 점점 더 많은 미국의 기업들이 오후의 낮잠이 직원들의 생산성을 높여준다고 인식하고 있다. 이를 인정한 첫 번째 기업인 구글은 큰 버블 안에 있는 리클라이너 의자인 '낮잠 캡슐(energy pods)'을 통해 직원들에게 낮잠을 권장하고 있다. 낮잠 캡슐에서 잔잔한 음악을 들을 수 있으며 진동과 불빛이 직원을 깨우는 알람 역할을 한다. '회복 센터(rejuvenation centers)'라고도 불리는 이 낮잠 공간은 100여 년 전 에디슨과 같이 늦게까지 일하는 실리콘밸리의 개발자들에게 각광받고 있다. 어쩌면 에디슨의 수많은 서류 더미 속 어딘가에 '낮잠 캡슐'의 프로토타입이 있을지도 모를 일이다. 당신의 낮잠 역시 당신에게 많은 것을 가져다줄 수 있다.

한낮의 재충전

낮잠으로 당신의 부족한 잠을 다 채울 수는 없겠지만, 확실히 도움은 될 것이다. 대부분의 사람들은 오후가 되면 졸리는데, 전문가들은 이때 조용하고 어둡고 시원한 방에 가서 휴식을 취하라고 조언한다. 다만 낮잠 시간은 20분에서 30분 정도로 제한하는 것이 좋다.

일부 과학자들이 생각하는 것처럼 입면 상태에서 엄청난 아이디어가 떠오를 수도 있으니 옆에 노트를 두고 낮잠을 청해보자.

기도
Prayer

Path of Happiness

노벨 문학상을 받은 유대인 작가 아이작 바셰비스 싱어 (Isaac Bashevis Singer)는 "나는 문제가 생길 때마다 항상 기도한다. 하지만 거의 늘 문제가 생기기 때문에 끊임없이 기도한다." 라고 말했다. 싱어는 짓궂은 유머로 자신의 종교관을 의심하는 기자와 언쟁 벌이기를 좋아했던 작가이다. 그렇다면, 이토록 훌륭하고 식견 있는 작가가 정말 초월적 세계를 믿는 것일까? 아니면 농담이었을까? 카발라를 믿는 폴란드계 유대인 가정에서 자란 싱어에게 초월적 세계에 대한 믿음은 결코 농담이 아니었다. 그는 산업혁명 전의 유럽에 있든, 홀로코스트 직후의 세상에 살든 기도가 열정적인 삶의 중심이라고 믿었다.

과학자들은 오랫동안 관심을 보이지 않았지만, 미국 심리학의 창시자인 윌리엄 제임스는 기도를 행복의 중요한 요소로 여겼다. 1901년부터 1902년까지 에든버러 대학교의 강의에 사용되었던 자신의 저서 《종교적 경험의 다양성(Varieties of Religious Experience)》에서, 그는 기도는 '영혼 그 자체이며 종교의 본질'이라고 설명하였다. 많은 동료가 기도를 비과학적인 주제로 일축한다는 것을 인정하면서도, 제임스는 "기도가 전적으로 각자의 마음속에 존재한다는 것을 나타내지만 종교는 기도를 통해 다른 방법으로는 깨달을 수 없는 무언가를 보여준다."고 주장했다. 그는 기독교, 이슬람교, 유대교의 기도 이야기를 들려주며 "마치 모든 문이 열려있는 것과 같고 모든 길이 평탄하게 닦여있는 것과 같다. 새로운 세상을 만나게 된다."라는 시적인 말을 남기기도 했다.

기도에 대한 과학적 연구는 한 세기 동안 큰 진전이 없었지만, 긍정 심리학의 등장으로 새롭게 관심을 받고 있다. 연구자들은 기도가 바람직한 감정을 일으키는지, 만약 그렇다면 그 이유는 무엇인지에 주목한다. 비교적 연구의 초기 단계임에도 불구하고 다음과 같은 일관된 연구 결과를 얻고 있다.

제임스가 오래전에 발견했듯, 다양한 형태의 기도가 있으며 모두 같은 심리적 영향을 미치는 것은 아니다. 이스턴 일리노이 대학교의 브랜던 휘팅턴(Brandon Whittington)과 스티븐 셰어 박사(Dr. Steven Scher)는 기도를 다음과 같이 여섯 종류로 분류했다.

1 예배(adoration) : 어떤 요구나 바람에 대한 언급 없이 신에 대한 존경을
   표한다.

2 감사 기도(thanksgiving) : 주로 행복한 삶이나 경험에 대해 신께 감사를
   표현한다.

3 청원 기도(petitionary prayers) : 신적 개입을 통해 자신이나 타인을 도와달
   라고 부탁한다.

4 고해(confession) : 자신의 죄를 고백하고 신의 용서를 빈다.

5 영접 기도(prayers of reception) : 신의 가르침과 안내에 마음을 열고 묵상한다.

6 필수 기도(obligatory prayer) : 정해진 예배 시간에 하는 의식 절차상의 기
   도이다.

이 중에서 감사 기도는 심리적으로 좋은 영향을 미친다. 개인의
행복에 꼭 필요한 요소인 감사하는 마음을 자아내기 때문이다. 예
배나 영접 기도는 긍정적인 마음과 자존감을 높여주고 인생의 의
미를 깨닫게 해준다. 반대로 고해 기도는 가장 부정적인 영향을 주
는 것으로 드러났다. 비록 확실한 연구 결과를 얻기는 힘들지만 기
도할 때 자신을 낮추는 태도가 부정적인 영향과 관련이 있는 것으
로 보인다.

플로리다 주립 대학교의 나다니엘 램버트 박사(Dr. Nathaniel Lambert)
와 동료들은 남성과 여성이 각자 연인의 행복을 위해 기도했을 때,

기도하지 않은 사람들보다 상대방의 잘못을 더 쉽게 용서한다는 사실을 발견했다. 후속 연구에서도 친한 친구를 위해 매일 한 달 동안 기도했을 때 일반적으로 타인을 위한 사심 없는 배려심이 커진다는 결과를 얻었다.

신과의 대화인 기도는 당신이 분노를 가라앉히고 세상을 긍정적으로 볼 수 있는 좋은 방법이 되어줄 것이다.

신과 대화하기

당신이 이미 기도에 익숙하든 그렇지 않든, 당신과 가까운 사람 두 명을 골라 그들의 행복을 위해 기도해보자. 기도에 집중하기 위해 눈을 감고 호흡을 편안히 한 다음, 당신이 사랑하는 사람들이 빛에 둘러싸인 모습을 그려본다. 그들이 미소 짓는 얼굴이나 웃고 있는 모습을 상상해도 좋다. 마음에서 우러나온 얘기를 해도 좋고 특정 종교의 기도문을 읊어도 좋다. 기도를 끝낸 후에는 분명 더 행복해질 것이다.

자연이 주는 회복력
Restorative Nature

미국의 유명한 자연주의자인 존 뮤어(John Muir)는 "모든 사람에겐 아름다움이 필요하다. 자연이 당신을 치유하고 힘을 북돋아 주는 곳 그리고 육체와 영혼에 힘을 불어넣는 그런 곳이 필요하다."고 말했다. 시어도어 루스벨트 대통령이 그로부터 영감을 받아 국립공원제도를 만들었을 만큼 열정적인 환경 운동가이기도 한 뮤어는, 우리의 영혼에 긍정적인 영향을 주는 자연의 힘을 굳게 믿었다. 그가 세상을 떠난 1914년으로부터 100년이 넘게 흐른 지금, 과학자들은 뮤어의 통찰력이 얼마나 정확했는지 깨닫고 있다.

자연의 회복과 관련한 연구 분야에서 중요한 주제는 정신의 회복이다. 자연에 푹 빠져 있을 때 활력과 힘, 희망을 다시 찾을 수 있다는 것이다. 스웨덴 웁살라 대학교의 테리 하티그 박사(Dr. Terry Hartig)는 25여 년간 이 주제의 연구에 앞장서고 있다. 그가 이끄는 다국적 연구팀은 사람들이 도시에서 걸을 때와 비교했을 때, 자연 보호 구역에서 산책한 사람들이 혈압이 낮아지고 기분도 좋아지는 등 다양한 효과를 본다는 사실을 발견했다. 최근 이 연구팀은 자연을 통한 정신의 회복을 공중 보건과 환경 과학에 연결 지어 발전시키는 데 주력하고 있다. 하티그 박사는 많은 사람이 자연을 경험하기를 기대하는 것은 비현실적이기 때문에 과학자들이 도시에 비슷한 환경을 만들어 내는 데 집중해야 한다고 주장한다.

하티그 박사는 "어린 시절 미시간 주 캐스케이드에서 자랐는데, 당시 집 뒤에 있는 숲에서 많은 시간을 보냈어요. 제 기억에 숲은 개인을 위한 공간일 뿐만 아니라 친구들과 도피하기에도 좋은 공간으로 남아 있습니다. 새로운 도로와 집을 짓기 위해 많은 양의 나무를 베었는데, 여전히 그때의 상실감이 남아 있어요. 이후 캘리포니아 주의 시에라네바다 산맥에 처음 올랐을 때도 영감을 받았고 어려운 과제를 끝까지 해결해 나갈 가능성에 감사한 마음이 들었습니다."라고 말하며, 어린 시절의 행복한 경험이 지금 하는 일에 중요한 동기 부여가 되었음을 이야기한다.

한편, 호주의 캐서린 윌리엄스(Kathryn Williams)와 데이비드 하비(David Harvey) 같은 연구원들은 자연에 의한 초월적인 경험에 대해 연구하고 있다. 윌리엄 제임스, 에이브러햄 매슬로, 미하이 칙센트미하이를 포함한 이론가들의 연구와 주장들을 바탕으로 그들은 숲 환경에서 행복한 순간들의 기록을 발견하였다. 일반적으로 사람들이 자연환경에 익숙하고 편안할 때 가장 행복하게 느꼈고, 놀랍게도 하이킹처럼 신체적으로 활발할 때 행복함을 느끼는 경우는 드물었다.

자연은 우리의 감정 회복에 도움을 줄 뿐만 아니라 인지력에도 긍정적인 영향을 미친다는 연구 결과도 있다. 흥미로운 점은 이러한 장점을 얻기 위해 꼭 자연으로 가지 않아도 된다는 것이다. 이탈리아 파도바 대학교의 리타 베르토 박사(Dr. Rita Berto)가 진행한 유명한 실험에서 자연 사진을 본 대학생들은, 도시나 기하학무늬의 사진을 본 학생들보다 피곤한 컴퓨터 작업 후 더 빠른 회복력을 보였다. 이후에 미시간 대학교의 마크 버만 박사(Dr. Mark Berman) 연구팀은 자연 사진을 본 대학생들이 도시 사진을 본 학생들보다 주의력을 필요로 하는 과제에서 더 나은 성과를 보인다는 사실도 발견했다. 이러한 연구들을 통해 녹색 환경이 주의력 회복에 도움이 된다는 새로운 심리학적 접근법인 주의 회복 이론(ART: Attention Restoration Theory)이 탄생했다.

이처럼 많은 연구자들이 자연이 주는 다양한 효과를 입증하고 있다. 당신도 자연을 주는 회복력을 느끼고 싶지 않은가?

자연을 통한 자기 회복

자연으로 둘러싸인 곳으로 가기란 생각보다 쉽지 않다. 하지만 대부분 모든 도시에서 멀지 않은 곳에 회복의 힘이 있는 자연을 찾을 수 있을 것이다. 식물원이나 큰 공원을 방문하는 것도 몸과 정신 건강에 도움이 된다. 날씨나 기분에 따라 산책을 해도 좋고 자전거를 타도 좋다. 당신의 일상에서 최대한 자주 자연을 누릴 방법을 찾아보자.

향유
savoring

영국 작가인 W. 서머셋 모옴(W. Somerset Maugham)은 자서
전 《서밍업(The Summing Up)》에서 "지나가는 순간만이 우
리가 확신할 수 있는 전부다. 그 순간에서 최고의 가치를 찾아야
하는 것은 당연하다. 미래는 언젠가 현재가 될 것이며 지금 현재가
그런 것처럼 그 미래도 중요하지 않게 느껴지는 때가 올 것이다."
라고 적었다. 모옴이 이렇게 훌륭한 말을 썼을 때인 1938년, 그의
나이는 이미 중년이 넘어서 있었다. 그가 삶을 통해 어렵게 얻은
지혜는 긍정 심리학의 '향유(savoring)'라는 개념에서 가장 중요한 핵
심이 되고 있다. 일상에서 소소하고 행복한 경험을 인지하고 감사
히 여기며 개선하는 것이다.

오늘날 향유와 관련한 심리학 분야에서 손꼽히는 연구원 중 한

명인 시카고 로욜라 대학교의 프레드 브라이언트 박사(Dr. Fred Bryant)는 성장기에 소소하지만 즐거운 순간들을 소중히 여길 줄 아는 어머니의 '타고난 재능'에 영향을 받았다. 이후 그는 행복을 얻기 위해서는 단지 스트레스를 줄이는 게 전부가 아니라는 사실을 과학적으로 입증했다. 지난 10여 년간 브라이언트 박사와 다국적 연구팀은 무엇이 즐거움을 배로 늘리고, 무엇이 즐거움을 앗아가는지에 대해 연구해 왔다. 그들은 우리가 인생에서 좋은 일들을 더 즐기지 못하는 이유는 제대로 된 '전략'이 부족하거나 심지어 잘못된 전략을 선택하기 때문이라는 놀랍지만 중요한 연구 결과를 얻었다. 한 마디로 우리는 늘 무의식적으로 행복을 마음속으로 억누르거나 더 커지지 못하게 막으며 잠시 동안만 머무르도록 자신을 속이고 있다는 것이다.

뉴질랜드 웰링턴 빅토리아 대학교의 폴 호세 박사(Dr. Paul Jose)와 비 림 박사(Dr. Bee Lim)는 브라이언트 박사와 함께 진행한 한 연구에서 101명의 남성과 여성에게 30일 동안 일기를 작성해달라고 요구했다. 그들은 기분이 좋았던 사건들과 그 일을 얼마나 즐겼는지 혹은 억눌렀는지에 대해 일기로 기록했다. 이들이 작성한 일기를 분석한 결과, 기쁨을 음미하는 사람들은 하던 일을 멈추고 누군가에게 즐거운 일에 대해 얘기하거나 기쁨의 소리를 지르며 즐거운 순간에 집중한다. 반면, 기쁨을 음미하지 못하는 사람들은 즐거운 일을 겪을 자격이 없다고 여기거나 더 행복할 수 있었다고 불평하며 즐거운 순간을 누리지 못하고 있었다.

워싱턴 주립 대학교의 다니엘 헐리 박사(Dr. Daniel Hurley)와 폴 권 박사(Dr. Paul Kwon)는 좋은 일이지만 향유하지 못한 경험으로 가득한 사람들보다 힘든 시기를 보내고 있는 사람들이 향유를 통해 더 큰 힘을 얻는다는 사실을 발견했다.

그리고 과학자들은 공통적으로 우리가 특히 아주 신나거나 행복한 일이 없을 때 향유하는 태도를 유지하는 것이 더 중요하다고 주장한다. 그렇다면 기쁨을 어떻게 실질적으로 향유할 수 있을까? 브라이언트 박사는 기쁨의 순간을 온전히 누리기 위해 다음과 같은 방법을 추천한다.

- 친구에게 즐거운 경험에 대해 얘기한다. 재밌었던 영화라든지, 마음에 들었던 레스토랑, 기억에 남는 휴가지도 좋다. 즐거운 일을 다시 얘기하면서 기쁨이 더 커진다.
- 머릿속에 사진을 남기듯 행복한 경험을 새긴다. 무엇이 당신을 행복하고 만족하게 했는지 의식적으로 깨닫는 것이다. 사랑하는 사람의 손길이 될 수도 있고 친구의 웃음소리가 될 수도 있다.
- 자기 힘으로 얻은 결과나 성과를 스스로 축하해준다. 당신을 더 행복하게 해줄 것이다.

- 감각 인지력을 키운다. 소리나 색깔, 향, 맛, 촉감에 더 집중한다. 향유하는 것은 우리의 감각에 큰 영향을 받으므로 감각을 더 활짝 열어놓자.

브라이언트 박사가 추천하는 방법을 실천해보자. 특히 감각에 집중하는 일은, 당신에게 진정한 향유의 순간을 가져다줄 것이다.

감각에 집중하기

순간을 누리는 습관을 들이기 위해 실내와 실외에서 매일 하는 활동 두 가지를 선택한다. 예를 들면, 샤워나 저녁 식사, 집 주위를 산책하고 자전거 타는 일도 될 수 있다. 처음에는 집중하는 데 방해받지 않도록 휴대폰은 옆에 두지 않는 것이 좋다.

이제 마음을 진정하고 지금 경험하는 것에만 온전하게 집중한다. 오감을 모두 깨운 다음 당신의 의식을 이끌 한 가지 감각을 선택하자. 무엇을 발견하였는가? 무엇이 새롭거나 다르게 보이는가? 시간의 흐름을 느끼며 당신의 행복을 더 강화해보자.

나에게 관대해지기
Self-compassion

당신은 타인에게는 친절하지만 자기 자신에게는 지나치게 엄격하고 비판적인 편인가? 만약 그렇다면, 그것은 당신 혼자만의 이야기가 아니다.

오늘날, 긍정 심리학은 자기 자비(Self-compassion)라고 부르는 특성에 점점 더 많은 관심을 쏟고 있다. 지난 몇 년간 자신을 배려하고 걱정하며 따뜻하게 대하는 능력에 대한 연구가 진행되었는데, 자기 자비는 우리가 인생을 살아갈 때 아주 중요한 재능임이 밝혀졌다. 젊은 층을 상대로 한 연구를 보면 자기 자비는 삶의 만족도, 낙천성, 친절함, 현명함 등의 요소와 관련되어 있었다. 또한 자기 자비 능력이 높은 사람들은 불안감이나 우울도가 낮았으며 스트레스를 받거나 힘든 상황이 닥쳤을 때 보호막 역할을 해주었다.

반대로 연령층이 더 높은 성인에게서는 어떤 결과가 나왔을까? 흥미롭게도 자기 자비 능력이 높은 사람들은 노화의 고통을 더 잘 받아들였다. 이들은 자신을 더 친절히 대하려고 애씀으로써 정신적·신체적 어려움에 대처하는 힘을 얻고 있었다. 이와 관련하여 호주의 심리학자인 웬디 필립스 박사(Dr. Wendy Phillips)와 수잔 퍼거슨(Susan Ferguson)은 65세 이상 성인을 대상으로 한 연구에서, 자기 자비 능력과 흥분, 열정, 대처능력, 삶의 의미처럼 긍정적인 감정의 연관성을 발견했다. 자기 자비 능력이 높으면 적대감이나 수치심 같은 부정적인 감정도 덜 느낀다는 것이다.

흔히 자기 자비를 마음 챙김과 자주 연관 짓고 있는데, 이는 두 개념 모두 전통적인 불교 사상으로부터 큰 영향을 받았기 때문이다. 이 분야의 세계적인 권위자인 텍사스 대학교의 크리스틴 네프 박사(Dr. Kristin Neff)는 20여 년 전 대학원을 졸업할 무렵부터 상좌 불교에서 유래된 통찰 명상(Insight Meditation)의 중요성을 강조해왔다. 그녀는 한 인터뷰에서 "당시 이혼으로 힘든 시기를 보내고 있었어요. 스트레스 받는 일도 많았고요. 혼란스러운 감정 속에서 버티기 위해 자기 자비가 필요했습니다. 불교 단체에 들어갔고 그때 마음 챙김과 자비에 대해 알게 되었어요. 거의 즉각적으로 깨달음이 있었죠. '나도 다른 사람들처럼 나를 측은하게 여길 권리가 있구나'라는 생각이 들었거든요."라고 말하며 통찰 명상이 자신에게 가져다준 마음 챙김의 효과를 설명한 바 있다. 몇 년 후 네프 박사는 아들이 자폐증 진단을 받으며 또 다른 인생의 고난을 만났다. "하지만 그때도 역시 자기 자비로 큰 도움을 받았어요. 저 자신에게 슬픔에 대처할 수 있도록 시간을 주었죠. 자신을 따뜻하게 대하고 고통스러운 마음을 알아차리는 데 노력했어요. 이러한 과정은 정말 저의 고통을 덜어주었고 정말 효과가 있다는 것을 알았어요."라는 그녀의 말처럼, 자기 자비는 고통을 덜어낼 수 있는 방법이 되어준다.

네프 박사 같은 연구자들은 자기 자비를 자기 연민(self-pity)이나 자기 방종(self-indulgence)과 구별해야 한다고 강조한다. 자기 연민은 남들의 어려움은 보이지 않을 정도로 자신의 고통에만 빠져 있는 것이다. 반면에 자기 자비는 상황을 있는 그대로, 현실적으로 바라보는 것이라는 차이가 있다. 또한 자신의 장기적인 건강과 견고한 행복을 위해 기분이 가라앉을 때 큰 아이스크림 한 통을 먹는 것 같은 순간적 즐거움을 거부하는 힘든 종류의 사랑이다. 이것은 자존감(self-esteem)이나 극단적인 자기애(narcissism)와 구별되는데, 자신을 타인보다 더 중요한 존재로 보는 것이 아니라 타인과 동등하게, 자신도 친절함과 용기, 이해심을 받을 자격이 있다고 여기는 것이기 때문이다.

어느 누가 당신을 그렇게 대해주는 것보다 스스로 당신 자신에게 친절히 대하는 것이 가장 중요하고 효과적이다.

자신과 친구 되기

나에게 관대해지는 능력을 키우고 싶다면 일주일 동안 일기를 써보자. 날마다 부정적으로 행동하거나 말한 것을 기록한다. 예를 들어, 가족에게 날카롭게 쏘아붙이고 나중에 후회한 일이 있다면 기록하자. 그 일을 설명한 후 '괜찮아, 우리는 모두 실수를 저지르기도 해. 다음에 더 잘하면 돼' 등과 같이 후회하고 있는 자신을 안심시키는 따뜻한 말을 적어보자. 이런 일기를 더 자주 쓸수록 자기 자비 능력을 키울 수 있을 것이다.

Self-Compassion

나에게 관대해지기

당신은 스스로에게 관대하다고 생각하는 편인가요?
그렇지 않다면 이유를 적어보세요.

자신과 친구 되기

나에게 관대해지는 능력을 키우고 싶다면 일주일 동안 일기를 써보자. 날마다 부정적으로 행동하거나 말한 것을 기록한다. 예를 들어, 가족에게 날카롭게 쏘아붙이고 나중에 후회한 일이 있다면 기록하자. 그 일을 설명한 후 '괜찮아, 우리는 모두 실수를 저지르기도 해. 다음에 더 잘하면 돼'처럼 자신을 안심시키는 따뜻한 말을 적어보자.

나를 드러내기
Self-disclosure

당신은 남들과 당신의 경험이나 감정을 쉽게 나누는 편인가? 아니면 어느 정도 감정적인 거리를 두는 편인가? 당신의 즐거움이나 목표, 실망감 등을 드러내는 것이 얼마나 어려운가? 이 질문들에 대한 답은 당신의 행복과 깊은 관계가 있다.

50여 년 전, 선견지명이 있던 심리학자 시드니 주러드(Sidney Jourard)는 '자기 노출(self-disclosure)'이라는 개념을 처음 고안했다. 1974년에 그가 갑작스럽게 세상을 떠나기 전까지, 주러드의 연구는 미국 심리학계뿐만 아니라 우리의 사고방식에도 영향을 미쳤다. 그의 연구에 따르면, 우리가 타인에게 어느 정도까지 드러낼 수 있는지가 사회적 관계와 개인의 행복에 큰 영향을 준다.

"그가 당신에게 자신을 알아가도록 허락하고 더 건강하고 행복한 미래를 위해 무엇이 필요한지 알려주지 않는 이상 당신은 배우자나, 자식, 친구들을 사랑할 수 없다."라는 주러드의 기사는 아주 획기적이었다. 뒤이어 주러드는 일상에서의 자기 노출에 대한 책인《유리알 자아(The Transparent Self)》를 포함한 다수의 책을 펴냈다.

주러드에 의해 자기 노출 개념이 등장한 때부터 다양한 심리학 연구들을 통해 그의 견해가 입증되었다. 특히 연애나 결혼 생활에서 남성과 여성 모두 자기 노출이 이루어졌을 때 두 가지의 이유로 관계의 만족도가 더 높았다. 첫째는 파트너에게 쉽게 털어놓을 수 있다고 느낀다는 것이며, 둘째는 파트너가 감정을 숨기지 않는다고 느끼기 때문이었다. 연구 결과에 따르면, 배우자들은 자기의 노출 정도를 상대방에 맞추려는 경향을 보이는데, 이때 문화적 힘이 강하게 작용한다. 예를 들어, 남미 사람들은 북쪽 사람들보다 자기 노출을 잘 표현하며 북미 사람들을 감정적으로 '차갑다'고 느낀다. 하지만 두 문화 모두 가족 갈등이나 섹스에 대해서는 얘기하지 않는다. 라틴계 사람들은 보통 음악이나 영화의 개인적 취향과 취미생활 등의 다양한 주제로 얘기한다.

자기 노출은 양쪽 모두에게 긍정적인 효과를 준다. 때문에 "결혼 생활의 행복은 전적으로 운에 달렸다."는 소설가 제인 오스틴의 말은 틀린 것인지도 모른다. 대화 중 상대방이 개인적인 이야기를 밝히면 우리도 기꺼운 마음으로 털어놓게 된다. 먼저 상대방의 이야기를 들은 결과로 자신을 더 드러내 보인다. 독일 함부르크 대학교의 사비나 트렙테 박사(Dr. Sabine Trepte)는 소셜 미디어나 온라인상에서 대화할 때도 같은 패턴을 발견했다.

자기 노출은 꼭 연인 관계에서만 중요한 것이 아니다. 부모와 자식 사이에서도 얼마나 정서적으로 친밀한지를 결정하는 중요한 요소이다. 최근 내가 진행한 한 연구 결과를 보면, 어린 시절이나 청소년기, 젊은 시절에 대한 추억담을 나누는 부모 밑에서 자란 청소년들은 냉담한 부모와 지내는 청소년들보다 훨씬 부모와 가깝게 느꼈으며 조언이나 도움을 요청할 가능성이 높았다. 이 연구 결과가 주는 교훈은 간단하다. 만약 당신의 아이들과 가깝게 지내고 그들이 당신의 조언을 가치 있게 여기길 원한다면, 아이들과 인생 경험에 대해 자유롭게 얘기하라는 것이다.

그렇다고 남들에게 모든 것을 다 털어놓을수록 좋다는 뜻은 아니다. 주러드도 분명히 동의했겠지만, 부모님이나 배우자, 친구, 동료에게 무엇을 밝힐지는 자신이 현명하게 판단하는 것이 좋다. 많은 심리학자가 특히 직장에서는 무엇을 공유할지 신중하라고 조언한다. 하지만 대부분의 경우 내면에 있는 이야기를 꺼냄으로써 많은 것을 얻게 될 것이다. 당신 역시 내면의 이야기를 누군가에게 노출한다면, 노출하지 않았을 때보다 더 많은 것을 얻을 수 있다.

가면 내려놓기

가족이나 친구들에게 자신을 드러내는 연습을 하기 위해서는 우선 작은 일부터 시작하는 것이 좋다. 예를 들어, 최근에 본 TV 프로그램이나 영화, 책등에서 어떤 감동을 받았는지 얘기하며 마음을 터놓는다. 자신을 드러낼 때 주의할 점은 이성적이고 객관적인 태도를 버리고 당신의 감정에 집중하며 대화하는 것이다.

경이로움
Sense of Wonder

알버트 아인슈타인은 "지식보다 더 중요한 것은 상상력이다. 지식에는 한계가 있지만 상상력으로는 온 세상을 끌어안을 수 있다."라고 말했다. 널리 알려진 그의 철학 에세이에서, 아인슈타인은 창의력과 과학 발견의 핵심 요인은 호기심이라고 밝히며 학교에서 호기심을 길러줘야 한다고 강조했다. 물론 이러한 말은 물리학자의 입장에서 한 얘기이지만, 오래전 시인들도 심미적 즐거움, 놀라움, 기쁨 등의 특성과 연결 지어 호기심을 중요하게 여겼다.

19세기 초반 낭만주의 시대에 사무엘 콜리지(Samuel Coleridge)와 윌리엄 워즈워스(William Wordsworth)는 의식적으로 인생의 커다란 수수께끼를 감사히 여기려고 애썼다. 특히 워즈워스는 《틴턴 수

도원 몇 마일 위에서 쓴 시(Lines Written a Few Miles above Tintern Abbey)》라는 그의 유명한 시에서 "우리가 바라보는 모든 것은 축복으로 가득하다."고 할 정도로, 자연을 의식의 촉매제로서 중요하게 여겼다. 그는 정신없이 바쁜 사회의 일상에서는 권태와 무료함을 피할 수 없기 때문에 행복을 성취하기 위해서는 세상을 새롭게 볼 줄 알아야 한다고 믿었다. 어떻게? 자연을 사랑하는 사람의 마음을 절대 배신한 적 없는 자연에서 경이로운 감정을 길러내는 것이다.

수십 년 동안 심리학에서는 경이로움이라는 특성에 대해 큰 관심을 보이지 않았지만, 에이브러햄 매슬로가 일상에서 자신의 잠재력을 극대화하는 자아실현인에 관한 연구를 발표한 후 심리학은 큰 변화를 맞았다. 매슬로는 창의적이고 큰 성공을 거둔 사람들은 절정 체험을 자주 경험한다는 사실을 발견했는데, 절정 체험의 본질이 바로 경이로운 감정이었다. 이후 매슬로가 쓴 글을 보면, 교육자들에게 더 창의적인 과학자와 예술가를 배출하기 위해 경이로움을 더 자주 경험할 수 있도록 장려하라는 아인슈타인의 말에 공감하고 있음을 알 수 있다.

오래전, 종교는 일반인들뿐만 아니라 아주 유능한 인재들에게도 경이로움을 선사한 것이었다. 성경과 같은 신성한 글은 천사들과 지혜로운 왕들, 예언자들과 비범한 사람들, 종말적인 투쟁과 천국으로 가는 여정 등에 관한 이야기들을 통해, 수많은 사람들에게 상상력을 불러일으켰다. 산업화 시대로 들어서면서 더 이상 종교적 이야기가 인기를 끌지 못할 즈음, 우주를 경험할 새로운 이미지와 방법을 담고 있는 판타지와 공상과학 소설이 그 자리를 메꾸게 되었다. 이와 관련하여 문학 평론가인 데이비드 하트웰(David Hartwell)은 1996년에 자신의 저서 《경이의 시대(Age of Wonders)》에서 "지구에서 미지의 땅, 외딴 섬, 금단의 티벳, 신비로운 동방처럼 경외감과 미스테리가 있었던 마지막 장소가 사라지는 그 순간 공상과학 소설은 시간(특히 먼 미래)과 공간, 무한한 가능성을 얘기한다."라고 언급한 바 있다.

성인의 창의성을 예측하는 몇 안 되는 확실한 변수는 젊은 시절의 공상과학에 대한 관심도라고들 한다. 미국의 가장 창의적인 심리학 사상가 중 한 명인 매슬로가 공상과학 장르를 인간성과 사회에 대한 새로운 아이디어를 얻는 중요한 출처로 여겼다는 사실도 이해가 된다. 최근 영국 버밍엄 대학교의 토니 슈톨베르크 박사(Dr. Tonie Stolberg)는 과학 교육 쪽으로 진로를 계획하는 대학생들의 생활에서 경이의 실제 경험을 연구했다. 90% 이상의 학생이 그랜드 캐니언을 방문하거나 아름다운 무지개를 보는 등 최소 한 번은 경이로움을 경험했다고 보고했다. 아인슈타인이 예측했던 대로 이러한 경험들이 과학을 가르치고 싶은 흥미를 더 높여주었다. 이러한 경이로움을 느껴보고 싶다면, 당신은 당신이 가지고 있는 상상력부터 키울 필요가 있다.

상상력에 날개 달기

경이로움을 더 잘 경험하기 위해서는 상상력을 키워야 한다. 꿈은 우리의 시공간에 대한 인식을 바꾸기 때문에 꿈 일기를 작성하는 것이 도움이 된다. 단편적이더라도 매일 아침 꿈을 기록한다. 시간이 지날수록 꿈을 더 잘 기억해낼 수 있을 것이다. 또한 공상과학이나 판타지 소설을 즐겨 읽으며 창의성을 키우는 것도 도움이 된다. '경이로움'을 경험하는 데 있어서 영화보다는 자신만의 깊은 상상력을 활용할 수 있는 책이 더 도움이 되어줄 것이다.

태극권
Tai Chi

"두 종류의 힘이 있다. 외면의 힘은 눈에 쉽게 보이지만 나이가 들수록 약해진다. 하지만 내면의 힘인 '치(Chi)'는 계발하기는 힘들어도 나이가 들어도, 어떤 상황에서도 지속된다."는 말은, TV 시리즈 《쿵푸(Kung Fu)》에서 소림 마스터 칸이 어린 제자들에게 남긴 말이다. 1972년에 리처드 닉슨 대통령의 역사적인 중국 방문이 이루어진 직후, 방영된 이 TV 시리즈는 수만 명의 시청자에게 고대 중국 철학과 무술을 소개해주었다. 당시 대부분 서양인은 모든 생명체에 보이지 않는 에너지가 흐른다는 사상을 터무니없게 여겼지만, 오늘날 침술 같은 전통 중국 의술은 널리 인정받고 있으며, 웰빙을 위한 태극권 같은 신체 에너지 수양도 인기를 끌고 있다.

역사가들은 태극권이 중국 중세 시대에 무기 없이 할 수 있는 자기방어 훈련으로부터 유래한 것이라 생각한다. 수 세기가 지나는 동안 다양한 형태의 태극권으로 발전했으며 한 형태에서도 약간의 차이는 있다. 태극권의 역사에 대한 이야기는 조금씩 차이가 있지만, 항상 빠지지 않고 등장하는 반전설적인 인물은 바로 도교 승려인 장삼봉(Chang San-Feng)이다. 전해지는 바로는 그가 호랑이, 용, 표범, 뱀, 학 등의 다섯 동물을 관찰한 후, 그중 뱀과 학의 물 흐르는 듯한 움직임이 강하고 단단한 적을 이기는 데 가장 적합하다고 판단했다고 한다. 그래서 장삼봉은 중국 무술의 힘을 탄력성과 유연성으로 대체했다는 것이다. 또한 역사가들은 태극권을 도교와 전통 한의학에서 유래한 건강법인 기공과 비교하기도 하였다.

　태극권은 인간을 우주의 축소판으로 받아들이며 다섯 가지 원소인 물, 나무, 불, 흙, 쇠로 이루어져 있다고 믿는다. 한의학에서는 이 다섯 가지 오행이 신체 기관에서도 밀접한 방식으로 흐른다고 여겼다. 원래 이름이었던 타이 치 추안(t'ai chi ch'uan)은 궁극의 근본적 철권을 의미하며, 17세기에 심신의 원리를 무술과 건강을 위한 운동으로 발전시키기 위해 만들어진 새로운 형태의 쿵푸였다. 현대에 와서 태극권은 세 명의 창시자의 이름을 딴 오(Wu), 양(Yang), 진(Chen)의 세 가지 형태로 발달했다. 아마 미국에서 가장 널리 뿌리를 내린 종류는 느린 움직임의 태극권일 것이다. 약 230만~300만

명의 사람들이 정기적으로 차분한 체조와 스트레칭을 결합한 태극권 운동을 하는 것으로 알려져 있다. 모든 태극권의 동작은 멈추지 않고 자연스럽게 다음 동작으로 흘러간다. 태극권에서는 몸이 끊임없이 움직이는 것이 중요하기 때문이다.

그렇다면 태극권은 정말 몸과 마음에 긍정적인 영향을 주는 것일까? 미국 국립보건원 산하 대체의학연구소가 진행한 연구 결과에 따르면, 태극권은 골관절염이나 섬유근육통을 앓는 사람들에게 효과가 있으며 특히 노인층에서는 수면의 질과 균형을 향상시키는 것으로 나타났다. 노스캐롤라이나 대학교의 리 칼라한 박사(Dr. Leigh Callahan)의 연구를 보면, 8주 동안 태극권 수업을 들은 관절염 환자들은 그렇지 않은 환자들보다 체력과 행복 지수가 향상되었다. 매사추세츠 주 터프츠 대학교의 첸첸 왕 박사(Dr Chenchen Wang) 연구팀은 태극권이 자존감을 올려줄 뿐만 아니라 불안함과 기분 장애, 스트레스를 줄이는 데에도 효과적이라고 밝히기도 했다.

이처럼 태극권은 몸과 마음에 긍정적인 영향을 주고 있다. 그리고 당신 역시 태극권을 통해 몸과 마음의 균형을 찾을 수 있게 될 것이다.

균형 찾기

태극권은 신체 내의 에너지를 순환하는 차분한 운동이지만, 태극권을 잘 하기 위해서는 숙련의 과정이 필요하다. 자신에게 맞는 좋은 수업을 찾고 나서 활용할 수 있는 다섯 가지 팁을 참고하자.

1. 당신의 목표를 성취하기에 가장 적합한 스타일을 선택한다. 명상에 관심이 있는 경우라면, 우(Wu) 스타일의 태극권을 배우는 것이 좋다.
2. 각자의 기본 바탕을 인지한다.
3. 몸 전체의 상호연계성을 느낀다. 전체적인 신체의 조화가 신체의 움직임보다 더 중요하다.
4. 진도가 나가지 않더라도 인내심을 가진다. 내면의 힘은 서두른다고 길러지지 않는다.
5. 더 의욕적이고 즐겁게 연습하고 싶다면, 친구와 공원이나 정원에서 함께 한다.

기쁨의 눈물
Tears of Joy

당신은 행복해서 눈물을 흘린 적 있는가? 감동적인 음악이나 예술, 문학 때문에 눈가가 촉촉해진 적 있는가? 가장 좋아하는 스포츠 팀이 이겼을 때는 어떤가? 당신이 눈물을 흘릴 정도로 행복한 장면이 있던 영화를 떠올 릴 수 있는가? 성경이나 《일리아드(Iliad)》같은 고대 문학 작품들을 보면 아주 오래전부터 사람들은 기쁨의 눈물을 흘렸다는 사실을 알 수 있다. 하지만 사람들은 언제 그리고 왜 눈물을 흘리는 것일까? 기쁠 때 흘리는 눈물은 우리의 건강에 도움이 될까?

문학계 거장들은 오래전부터 기쁨의 눈물에 대한 견해를 표현해왔다. 영국의 낭만파 시인 윌리엄 워즈워드는 자연을 기쁨의 눈물을 흘리게 하는 주요 촉매제로 여기고 참으로 아름다운 풍경을 극

찬했다. 반면에 에드거 앨런 포는 1850년도의 작품인 《시의 원칙 (The Poetic Principle)》에서 사람들을 눈물짓게 만드는 가장 큰 힘은 음악의 아름다움에 있다고 주장했다. 그는 인간은 아름다움을 경험할 때 신과의 거리를 다시금 느끼게 되므로 눈물을 흘린다고 표현했다.

심리학이 학문으로써 처음 인정받았을 때, 창시자들은 긍정적인 감정에는 큰 관심을 두지 않았다. B. F. 스키너(B. F. Skinner) 같은 행동주의 심리학자들은 모든 감정은 본질적으로 주관적인 요소라고 여겼기 때문에 애초에 감정 자체에 신경을 쓰지 않았다. 제2차 세계 대전 후 정신 분석가들이 행복함에 우는 현상을 분석했을 때, 그들은 기뻐서 나오는 것처럼 보이지만, 이는 사실 슬픔의 눈물이라고 언급하며 지그문트 프로이트의 냉소주의를 지지했다. 부모님이 딸의 결혼식에서 눈물 흘리는 것은 딸의 낭만적인 행복 때문이 아니라 사랑스러운 딸을 영원히 잃는다는 생각 때문이라는 것이다. 정신분석학적 관점에서 보면 기뻐서 우는 사람은 아무도 없으며, 단지 눈물을 통해 감정적인 고통을 감추는 것에 불과하다.

그러나 시대가 변한 지금, 긍정적인 감정이 우리의 행복에 미치는 영향은 지대하다. 외로움이나 걱정, 우울함을 피하는 것만으로는 충분하지 않다는 과학적 증거가 늘어나고 있다. 만약 정말 건강하고 행복하게 지내고 싶다면 주위 환경, 특히 다른 사람들과 깊은 관계를 쌓아갈 필요가 있다. 이러한 면에서 열정적이고 긍정적인 감정이 수반하는 기쁨의 눈물은 훌륭한 연구 분야로 자리 잡고 있다. 2013년부터 나는 국제적인 연구팀을 이끌며 기쁨의 눈물이 주는 장점과 원인을 연구하고 있다. 우리는 어떤 결론을 얻었을까? 지금까지 한 번도 기쁨의 눈물에 대한 경험을 측정한 적이 없었기에 우리의 목표는 우선 사람들이 어떤 상황에서 기쁨의 눈물을 흘리는지 밝히는 것이었다. 놀랍게도 기쁨의 눈물을 흘리는 상황은 18가지로 구분되었다. 여기에는 우리가 전혀 예상하지 못한 범주도 포함되었다. 결혼식이나 졸업식 참석, 아이의 출생, 로맨틱한 열정, 목표 달성, 동창회처럼 몇 가지 범주는 친숙한 감동과 관련이 있는 것이었다. 미디어계 거물들의 기운을 북돋아 줄 만한 결과로는, 많은 사람이 감동적인 영화나, TV 프로그램, 책을 보며 기쁨의 눈물을 흘린다는 것이다. 심지어 프랑크 카프라의 《멋진 인생(It's a Wonderful Life)》은 사람들이 기쁨의 눈물을 흘리게 되는 이유로 여러 번 언급된 것이었다.

국가별로 차이는 있었지만, 행복해서 우는 것은 그렇게 경험하기 힘든 일은 아니다. 예를 들어, 30% 이상의 미국인과 베네수엘라인이 지난달 행복해서 운 적이 있다고 대답했으며, 250명의 일본 대학생 중 10%도 마찬가지였다. 일반적으로 사람들은 기쁨의 눈물을 경험하고 난 후 실제로 기분이 더 좋아지고 정신적 스트레스도 줄었다고 보고하였다. 흥미롭게도 최근에 기쁨의 눈물을 흘린 사람일수록 스스로 더 건강하다고 느끼는 것으로 드러났다.

이처럼 기쁨의 눈물은 행복과 밀접하게 관련되어 있다. 당신이 흘리는 기쁨의 눈물 역시 당신의 행복과 관련되어 있는 것이다.

행복의 눈물이 흐르도록

기쁨의 눈물처럼 벅찬 감정을 쏟아내도록 이끄는 것은 힘든 일이지만, 당신이 마지막으로 기뻐서 울었을 때를 떠올리면 다시 경험할 가능성이 높다. 그 때, 무엇이 당신으로 하여금 눈물을 흘리게 만들었는가? 당신은 혼자 있었는가? 아니면 누군가와 함께였는가? 눈물이 터져 나왔을 때 어떤 신체적 반응을 보였는가?

이러한 질문에 대한 답을 떠올리다보면, 당신은 곧 기쁨의 눈물을 흘리는 경험을 다시 만나게 될 것이다.

기쁨의 눈물

눈물이 날 정도로 기뻤던 적이 있는지 적어보세요.

행복의 눈물이 흐르도록

기쁨의 눈물이 흐를 때처럼 벅찬 감정을 쏟아내도록 이끄는 것은 힘
들다. 당신이 마지막으로 기뻐서 울었을 때를 떠올리면 그 감정을 다
시 경험할 가능성이 높아진다. 무엇이 당신의 눈물을 터뜨렸는가?

시간적 풍요
Time Affluence

미국 역사상 가장 위대한 영부인으로 꼽히는 엘리너 루스벨트(Eleanor Roosevelt)는 《세상을 끌어안아라(You Learn by Living)》에서 "우리가 활용할 수 있는 시간은 모두 같다. 아무도 당신에게 시간을 어떻게 활용하라고 말할 수 없다. 당신의 시간이기 때문이다."라고 말했다. 1960년에 출판된 이 책에는 젊은이들을 위한 충고가 담겨 있으며, 평일 2시간의 점심시간이 흔해지는 시대가 온 것을 알리고 있다. 당시, 미래학자들은 다가올 미래에 대부분의 미국인이 기대하던 막대한 여가 시간을 어떻게 보낼 것인지를 걱정했다. 많은 사회과학자는 자동화의 증가 덕분에 일에 대한 압박감이나 집안일이 크게 줄어들어 사실상 거의 모든 미국인이 여가 활동을 마음껏 누릴 것을 확신했다.

오늘날의 관점에서 당시 예측을 보면 웃음이 나지만, 전문가들의 견해가 바뀌기 전까지 곧 여가 생활이 많은 사회가 될 것이라는 믿음은 이후 몇 십 년 동안 지속되었다. 1980년에 데이비드 엘킨드 박사(Dr. David Elkind)는 《기다리는 부모가 큰 아이를 만든다(The Hurried Child)》에서 아이들의 일상이 전례 없이 분주해질 것임을 경고했다. 그로부터 10여 년 후, 줄리엣 쇼어(Juliet Schor)의 《과로하는 미국인(The Overworked American)》과 같은 제목이 실제로 흔한 일이 되어버렸다. 과거 미래학자들이 예상했던 것과 다른 미래가 현실로 다가왔지만, 이것이 왜 그렇게 되었는지 실증적인 자료는 여전히 부족했다.

이 문제에 대해 처음으로 측정한 사회과학자 중 한 명인 하버드 대학교의 레슬리 펄로 박사(Dr. Leslie Perlow)는 처음으로 '시간 부족(time famine)'이라는 개념을 소개했다. 시간 부족은 금방 다른 사회과학자들의 관심을 끌었다. 그녀는 끊임없이 할 일은 너무 많은데 시간이 부족하다고 느끼는 소프트웨어 엔지니어 팀을 연구한 끝에, 기업들이 빠른 속도로 강압적이고 위기로 가득한 분위기를 조성함으로써 직원들의 생산성을 저해한다는 결론을 내렸다.

최근 심리학자인 팀 캐서 박사(Dr. Tim Kasser)와 케넌 쉘던 박사(Dr. Kennon Sheldon)는 충분한 시간을 균형적으로 가진 것을 의미하는 '시간 여유(time affluence)'라는 개념을 소개했다. 4번의 연구에 걸쳐 그들은 물질적인 부를 통제한 후에도 개인의 시간 여유가 많을수록 더 행복하게 느낀다는 결과를 얻었다. 흥미롭게도 친밀한 관계를 맺고 있다고 보고한 사람들이 그렇지 않은 사람들보다 더 시간 풍요 지수가 높게 나타났다. 연구가들은 시간 풍요를 경험하는 것은 신체 건강이나 사회생활에 도움을 줄 뿐만 아니라 내면의 행복에도 긍정적인 영향을 미친다는 결론을 얻었다.

이러한 연구에 덧붙여 캐시 와튼 경영대학원의 모길러 박사(Dr. Cassie Mogilner)와 동료들은, 역설적으로 보이지만 타인을 돕는 데 시간을 쓸 때 우리는 '시간적으로 더 풍요롭다'고 느낀다는 사실을 발견했다. 어떻게 가능한 일일까? 이타적인 행동을 하면 자존감과 자신감이 올라가고, 그로 인해 우리 마음속의 시간이 늘어나기 때문이다. 결과적으로 우리는 바쁜 스케줄에도 미래를 위해 더 시간을 쏟을 수 있게 되는 것이다. 이들의 연구 결과는《하버드 비즈니스 리뷰(Harvard Business Review)》에서 "시간을 기부하면 시간의 압박에서 벗어날 수 있다."라는 표제로 크게 다루어지기도 했다.

그렇다면 전문가들은 시간적 풍요를 위해 어떤 노력을 할까? 10대 아들 두 명을 둔 캐서 박사는 이 질문에 대해 "저는 거의 매년 지속적으로 학교 측과 의논하여 2/3 학기나 3/4학기만 일하고 이에 맞는 보수를 받아요. 아내는 12년 동안 파트타임으로 1년에 30주 이상은 일하지 않아요. 아들들과 더 많은 시간을 보내기 위해, 우리 지역

사회에 더 많은 참여를 위해 내린 결정이죠."라고 대답한다.

당신은 당신의 시간적 풍요를 위해 무엇을 하고 있는가? 시간 기부는 당신의 시간에 풍요를 더해줄 유용한 방법이 되어줄 것이다.

시간을 얻기 위해 시간 기부하기

시간적인 풍요로움을 느끼고 생산성을 높이기 위해 매주 시간을 관대하게 쓰도록 하자. 당신의 일상 스케줄에 가족이나 친구들, 지역 사회의 주민들을 돕는 시간을 꼭 넣어두도록 하자. 서두르기보다는 느긋하고 한가롭게 거니는 듯한 태도가 좋다. J. R. R. 톨킨(J. R. R. Tolkien)이 "헤매며 돌아다니는 모든 사람이 길을 잃은 것은 아니다."라고 충고한 것처럼, 당신이 시간을 덜 쌓아둘수록 일상에서 더 많은 시간이 생긴다는 사실을 기억하자.

여행
Travel

당신은 여행하는 것을 좋아하는가? 많은 사람에게 여행은 인생에서 가장 성취감을 주는 경험 중의 하나이다. 행복한 휴식을 즐길 수 있을 뿐만 아니라 새로운 철학적 · 정신적 견해를 얻을 수 있기 때문이다. 마크 트웨인(Mark Twain)도 "여행은 선입관, 편견, 편협함을 극복하기 위해 꼭 필요하다. 넓은 지구의 한구석에서 평생을 단조롭게 살아서는 사람과 물체를 폭넓고 유익하며 관대한 태도로 대하는 법을 배울 수 없다."고 말했다.

비록 트웨인은 심리학자는 아니었지만, 가장 많은 사랑을 받았던 1869년도 작품인 《마크 트웨인 여행기(The Innocents Abroad)》에 나타난 트웨인의 견해는 오늘날 개인 성장을 위해 여행을 주장하는 이들의 지지를 받고 있다. 뉴욕에서부터 유럽과 성지까지 험난한 여행을 떠난 중년의 트웨인은 어린 시절 고향인 미주리 주 한니발을 멀리 떠나온 것만으로도 큰 수확을 얻었다. 그리고 재미있는 소설들로 세계적인 유명 인사가 될 수 있었다.

현대 심리학의 창시자들인 알프레드 아들러와 칼 융은 연구를 위해 기쁜 마음으로 여행을 자주 다녔다. 그들은 다양한 청중들의 관심을 즐겼을 뿐만 아니라 다양한 문화가 성격에 어떤 영향을 미치는지에 대한 통찰력을 얻었다. 지그문트 프로이트는 자기 생각을 미국인 동료들에게 소개하기 위해 미국을 여행한 후 국제적으로 주목을 받았으며, 다른 나라를 관광하는 것을 항상 즐겼다. 하지만 놀랍게도 이들 중 여행의 심리학적 장점을 언급한 사람은 없었다.

다행히도 요즘에는 여행을 바라보는 관점이 변하고 있다. 뉴질랜드 오타고 대학교의 세바스찬 필렙 박사(Dr. Sebastian Filep)는 여행의 효과와 관련해서 세계적으로 가장 뛰어난 연구자 중 한 명이다. 최근 그는 연구를 통해 관광 경험과 긍정적 기능 중 특히 몰입과의 연관성을 강조했다. 여행하는 동안 아름다운 풍경이나 역사적인 건축물에 매료될 때 특히 몰입도는 높아지고, 영원한 꿈처럼 달콤한 감정에 빠진다. 프로이트는 처음 로마에 방문했을 때 이와 같은 강렬한 현상을 경험했다.

관광에 대한 새로운 접근법을 구축하기 위해 필렙 박사는 다섯 가지 종류의 경험으로 분류했다.

1 휴양(recreational) : 일반적인 행복함과 여유로움에서 오는 즐거움을 느낀다.
2 관심전환(diversionary) : 현재 스트레스에서 잠시 벗어나도록 돕는다.
3 체험적 경험(experiential) : 자아 진정성을 찾는다.
4 실험적 경험(experimental) : 새로운 삶의 방식을 탐색한다.
5 존재적 경험(existential) : 우리의 평소 사고 패턴이나 행동 패턴을 변하게 한다.

아마 대부분의 사람들은 휴양과 관심전환 관광의 즐거움을 통해 몰입을 경험할 가능성이 높지만, 내적인 변화를 일으키는 것은 아마 존재적 경험일 것이다.

해외로 떠나는 여행이 창의성을 키워준다는 증거도 있다. 노스웨스턴 대학교의 아담 갤린스키 박사(Dr. Adam Galinsky)와 동료들은 미국과 유럽의 MBA 학생 중 해외에서 산 경험이 있는 학생들이 문제 해결 임무에서 더 창의성을 발휘한다는 사실을 발견했다. 이에 대해 과학자들은 해외 거주 경험을 통해 일상적인 상황의 새로운 의미를 수용하는 방법을 배웠기 때문이라고 판단했다.

또한 여행할 때 우리는 낯선 개념을 더 쉽게 받아들이기 때문에 무의식적인 창의성이 작용한다. 인디애나 대학교의 라일 지아(Lile Jia)는 단지 '여행가의 마음가짐'을 가지는 것만으로도 창의적인 문제 해결 능력이 향상된다고 언급한 바 있다.

이처럼 여행은 당신으로 하여금 많은 것을 경험하고 느낄 수 있게 해준다. 여행의 의미를 더하기 위해서 당신은 무엇을 해야 할까?

의미 있는 여행

여행을 떠나고 싶을 때마다 항상 여행을 가기는 어렵다. 그러나 여행을 경험했던 일을 다시 떠올려 볼 수는 있다.

다음의 질문에 대답하기 전 잠시 생각하는 시간을 갖자.

여행은 어떻게 당신이 편협하지 않은 열린 마음을 가지고 아름다움과 미덕을 감사히 여기도록 해주었는가? 감사하는 태도는 어떤가? 여행이 어떤 면에서 당신의 창의성과 문제 해결 능력을 키워주었다고 생각하는가? 다음 여행으로 떠나고 싶은 곳은 어디이며 이유는 무엇인가?

{ *Travel* }

여행

여행을 떠나고 싶은 곳을 적어보세요.

여행 떠나보기

당신은 여행하길 좋아하는가? 많은 사람에게 여행은 인생에서 가장 성취감을 주는 경험 중 하나다. 행복한 휴식을 즐길 수 있을 뿐만 아니라 새로운 철학적·정신적 견해를 얻게 된다. 마크 트웨인도 "여행은 선입관, 편견, 편협함을 극복하기 위해 꼭 필요하다. 넓은 지구의 한구석에서 평생을 단조롭게 살아서는 사람과 물체를 폭넓고 유익하며 관대한 태도로 대하는 법을 배울 수 없다."고 했다.

봉사
Volunteering

존 F. 케네디(John F. Kennedy)는 취임식에서 "국가가 당신에게 무엇을 해줄지 묻지 말고 당신이 국가를 위해 무엇을 할 수 있을지 물어라."고 연설했다. 1961년 1월의 아주 추운 겨울날, 그는 새로 단장한 국회 의사당의 동쪽 건물 앞에서 미국인과 전 세계 국민을 향해 이상주의를 호소했다. 5주 후 케네디의 명령으로 개발도상국에 미국 자원봉사자들을 공식적으로 지원하는 평화봉사단(Peace Corps)이 설립되었다. 이후에도 정부에서 만든 몇 개의 봉사 관련 프로그램이 사라지기도 하고 평화봉사단도 의회의 강한 지지를 받은 적은 없지만, 케네디가 강조했던 봉사활동은 심리학계의 주요 관심 주제로 자리 잡았다.

과학자들은 중등 교육부터 노인학까지 다양한 분야에서 봉사활동이 개인의 행복에 미치는 영향에 대해 증명하고 있다. 청소년기부터 봉사활동의 효과는 엄청나며 나이를 들어서도 그 효과는 지속된다. 연구자들은 '청소년의 긍정적 발달'이라는 측면에서 봉사활동을 한 청소년은 그렇지 않은 청소년들보다 임신하거나 약물을 사용할 확률이 낮았으며, 학업적·심리적·직업적으로 더 행복함을 느낀다는 결과를 얻었다.

봉사활동은 건강에도 긍정적인 영향을 준다. 뉴욕 마운트 시나이 의과대학교의 하나 슈라이어 박사(Dr. Hannah Schreier)와 동료들은 두 달 동안 초등학생 멘토링 프로그램에 참여한 10학년 학생들이 참여하지 않은 학생들보다 콜레스테롤 수치와 체중이 낮다는 사실을 발견했다. 흥미롭게도 봉사활동으로 인해 공감 능력과 이타심이 더 증가한 학생일수록 더 큰 효과를 보였다. 위스콘신 대학교의 제인 필라빈 박사(Dr. Jane Pilavin)는 위험한 상태의 청소년들이 봉사활동을 통해 자존감과 사교성, 소속감을 키울 수 있다고 밝혔다. 따라서 봉사활동은 학교 폭력으로 인한 부정적인 생각을 극복하도록 도울 수 있다는 것이다.

그렇다면 중장년층에게 봉사활동은 어떤 영향을 줄까? 밴더빌트 대학교의 페기 토이츠 박사(Dr. Peggy Thoits)와 린디 휴잇 박사(Dr. Lyndi Hewitt)의 연구에 따르면, 봉사활동을 하는 성인들은 봉사활동을 하지 않은 성인들에게 비해 행복감, 삶의 만족도, 자존감, 삶의 통제력, 신체적 건강, 우울증의 비다발성 등과 같은 여섯 가지 측면에서 더 높은 점수를 얻었다.

또한 과학자들은 성격과 봉사활동 사이의 사이클을 발견했는데, 행복한 사람들이 자존감도 높으며 우울증이 적고 봉사할 확률이 높으며, 따라서 더 행복해졌다. 최근에 마틴 빈더 박사(Dr. Martin Binder)와 안드레아스 프라이탁 박사(Dr. Andreas Freytag)는 《경제심리학 저널(Journal of Economic Psychology)》에서 봉사활동은 개인의 행복을 서서히 쌓아주며 놀랍게도 이 효과는 사라지지 않는다는 연구결과를 발표하기도 했다. 그리고 과학자들은 공공 정책입안자들이 봉사활동이 개인의 행복에 미치는 영향을 알리는 등 성인의 봉사활동을 더 강력히 장려해야 한다고 주장하고 있다.

과학적 증거에 따르면 봉사활동은 은퇴기의 사람들에게도 큰 효과를 보였다. 워싱턴 대학교의 낸시 머로우 호웰 박사(Dr. Nancy Morrow-Howell)와 동료들이 실행한 연구에서 봉사활동을 하는 노인층과 더 많은 시간을 봉사활동에 투자하는 노인층은 비슷한 정신적·신체적 건강 상태의 봉사활동을 하지 않는 노인층에 비해 성별이나 인종과 관계없이 더 높은 행복 지수를 보였다. 만일, 당신이 행복해지길 원한다면, 봉사활동은 그 방법을 찾는 길이 되어줄 것이다.

좋은 일을 하면 기분도 좋아진다

할 수 있는 봉사활동은 너무 다양하지만 당신에게 가장 적합한 일을 찾는 것이 중요하다. 아래의 다섯 가지를 고려해 당신에게 적합한 봉사활동을 해보자.

1. 공원을 개선하거나 예술 위원회에 가입하고 초등학생들에게 책을 읽어주는 일 등 개인적으로 관심이 가는 이유를 안다.
2. 당신이 도울 수 있는 기술이 무엇인지 파악한다.
3. 새로운 기술을 배우고 싶은지 결정한다. 자원봉사자들을 훈련해주는 기관도 많다.
4. 너무 깊이 관여하지 않는다. 시간을 신중히 배분하여 스트레스를 받거나 지치지 않도록 주의한다.
5. 봉사활동을 할 때 가족이나 친구들과 함께해본다. 타인을 돕는 과정에서 그들과 더 가까워질 것이다.

지혜
Wisdom

잠언에서 솔로몬 왕은 "지혜를 얻어라. 네가 가진 모든 것으로 명철을 얻을지니라."라고 조언했다. 이 충고는 21세기에도 의미가 있다. 하지만 지혜란 정확히 무엇이고 명철은 무엇을 의미하는가? 로마 황제와 철학자인 마르쿠스 아우렐리우스(Marcus Aurelius)의 말처럼 정말 지혜가 우리를 행복하게 해줄까? 어떻게 지혜를 측정하고 키울 수 있을까? 오늘날 긍정 심리학자들은 이렇게 간단하지 않은 문제를 해결하기 위해 고심한다. '철학상담(philosophical counseling)'이라고 알려진 새로운 전문 치료법도 동시에 발달하기 시작했다.

물론 지침이 되는 질문을 수반하는 철학에 치유하는 힘이 있다는 믿음은 아주 오래전부터 존재했다. 2,400여 년 전 플라톤이 남긴 소크라테스의 대화록에서도 찾을 수 있다. 플라톤의 《변명 (Apology)》을 보면, 아테네의 젊은 청년들을 타락시켰다는 죄목으로 피고인이 된 소크라테스는 자신의 끊임없는 질타의 목적은 오직 젊은이들의 건강한 영혼을 위해 돕는 것이라고 변론했다. 중세 시대에는 유대인 학자인 마이모니데스(Maimonides) 역시 엄격한 철학과 행복의 연관성을 강조했으며 어떻게 심신을 단련함으로써 슬기로운 자가 될 수 있는지에 대한 현실적인 조언을 주었다.

지혜는 원래 과학이 아닌 종교와 관계를 맺어왔기 때문에 20세기 초 현대 심리학이 등장하기까지 학자들은 지혜에 큰 관심을 두지 않았다. 프로이트의 무의식적 동기라는 개념도 우리 안에 숨어 있는 제멋대로인 광대처럼 느껴진다. 또한 최근까지 지혜는 정확하게 연구하기에는 너무 주관적인 요소로 여겨진 것이었다. 《스타워즈(Star Wars)》의 요다나 《반지의 제왕(Lord of the Rings)》의 간달프 같은 마법사가 아니라면 지혜라는 자질을 가진 사람이 있을까?

하지만 지난 20년 동안 지혜를 바라보는 두 가지의 과학적 관점이 생겨났다. 첫 번째는 베를린 막스 플랑크 인간 발달 연구소가 지지하는 관점으로 지혜를 삶의 의미와 품행을 다루는 뛰어난 '전문 지식'으로 바라보는 것이다. 해당 분야의 연구가들은 지혜가 엄청난 범위와 깊이, 양, 균형의 지식으로 이루어지며 철학 분야의 학자들이 모였을 때 가장 잘 측정할 수 있다고 여긴다. 반면에 게

인즈빌 플로리다 주립 대학교의 모니카 아덜트 박사(Dr. Monika Ardelt)와 동료들은 지혜가 학자들이 밝혀내는 추상적인 이론이 아니라 평범한 사람들이 일상에서 내리는 판단 속에 숨어 있는 것이자 공감 능력에서 나오는 것으로 판단했다. 두 관점에서 나타나는 공통점은 지혜를 지능과 같은 개념으로 보지 않고 인생 경험에서 배우는 것이라고 보고 있다는 것이다.

그러나 아무리 지혜를 정의할 수 있다 한들 그것이 정말 우리를 행복하게 해줄까? 아덜트 박사의 연구에 따르면, 지혜는 남성과 여성의 삶의 만족도와 상당히 큰 연관성이 있다. 신체 건강 같은 객관적인 환경보다 더 나은 예측 변수가 된다는 것이다. 막스 플랑크 연구소의 연구원들은 현명한 사람들은 삶을 안락하게 하는 것들보다 개인 성장과 통찰력, 우정에 더 가치를 둔다는 것을 발견했다. 그들은 한쪽을 희생시켜 얻는 것보다 상대와 내가 모두 이익을 얻는 방법으로 갈등을 해결하길 선호한다. 최근에는 캐나다 온타리오 주 워털루 대학교의 이고르 그로스만 박사(Dr. Igor Grossman) 연구팀이 현명한 사람일수록 삶의 만족도가 높고 더 나은 인간관계를 맺으며 걱정을 덜 하고 더 장수한다는 사실을 밝혀내기도 했다.

이와 같은 연구와 동시에 학문적으로 교육받은 철학자들이 사람들이 삶의 의미와 목적, 성취감을 찾을 수 있도록 도와주는 새로운 분야인 '철학 상담'도 함께 성장하고 있다. 전통적인 의미의 치료사가 아닌 지적으로 뛰어난 인생 코치가 직장에서의 윤리적 위기, 권태를 극복하는 일 같은 개인적 딜레마를 해결하는데 도움을 주기 위해 삶의 지혜를 들려주는 것이다. 철학 상담이라는 개념에 관심이 간다면 노자(Lao Tzu)나 알베르 카뮈(Albert Camus)를 읽어보는 것을 추천한다. 슬기로운 사람으로부터 배우는 지혜 역시 당신을 지혜롭게 만들 수 있으니 말이다.

슬기로운 사람으로부터 배우기

당신이 현명하다고 여기는 사람을 인터뷰해보자. 가족이나 친구, 성직자도 좋다. 그들에게 다음과 같은 질문을 던져보자.

1 당신에게 지혜란 무엇인가?
2 보통 사람들은 나이를 먹으며 더 현명해진다고 생각하는가? 이유는 무엇인가?
3 지혜는 지능이나 지식과 같은 것인가?
4 더 지혜로워지고 싶은 젊은 사람들에게 어떤 충고를 해주고 싶은가?

나를 찾는 명상
Zen Meditation

당신은 명상이라는 단어를 들으면 어떤 생각을 하게 되는가? 얼마 전까지만 하더라도 명상이라는 단어는 허리에 천을 두르고 터번을 쓴 깡마른 인도의 고행자를 연상시키는 말이었다. 그러나 명상이라는 용어 자체는 사라진 시간의 신비로운 신조를 내포하고 있는 것으로, 명상을 지지하는 사람들의 주장은 거의 불가능해 보이는 것이 사실이다. 어떻게 사람이 단순히 배꼽을 쳐다보거나 화려한 색상의 상징을 보는 것만으로 심장 박동이나 호흡을 조절할 수 있단 말인가? 자율신경계를 스스로 조절하거나 스쳐 지나가는 생각을 통제할 수 있다는 말이 터무니없게 느껴지지 않는가? 그래서인지 몰라도 열성적인 신자들을 제외하고는 명상에 관심을 보이는 사람은 많지 않았다.

그러나 요즘은 상황이 많이 바뀌었다. 아주 오래전부터 내려오던 명상 수행을 미국뿐만 아니라 세계의 수많은 요가 센터에서 가르치고 있으며, 명상은 건강관리의 한 방법으로 인정받고 있다. 일반적으로 불교, 기독교, 힌두교, 유대교, 수피교, 다른 종교적 관습과 연관된 명상이나 묵상은 종교의식이나 믿음과는 별개로 배울 수 있는 것이다. 《다이제스쳔(Digestion)》,《하이퍼텐션(Hypertension)》,《페인 매디슨(Pain Medicine)》,《슬립(Sleep)》같은 주요 의학 학술지는 정기적으로 다양한 질병에 효과적인 명상에 대한 기사를 싣는다. 불안감, 천식, 만성 통증, 소화불량, 고혈압, 불면증, 각종 중독 증세 등에 명상은 효과적이다. 그리고 신경과학 연구원들은 명상이 정확히 어떻게 작용하는 것인지를 연구한다.

미주리 주립대학교의 신경학 교수인 제임스 오스틴 박사(Dr. James Austin)는 명상 연구 분야에서 손꼽힌다. 그는 1974년에 선종 명상(Zen Buddhist meditation)을 배우러 일본에 다녀온 후부터 첫번째, 인간의 뇌는 실제로 어떻게 작용하는가? 두번째, 깨달음을 얻는 경우처럼 대단한 정신 상태를 겪는 동안 무슨 일이 일어나는가? 세번째, 높은 수준의 인식 상태로 가기 위해 명상은 어떤 역할을 하는가? 라는 세 가지 미스터리에 대해 연구하고 있다. 이 질문들에 관심을 보인 오스틴 박사는 신경 과학 이론과 연구의 관점에서 선종의 신비론에 대해 명쾌하게 설명했다. 끊임없는 명상 수행으로 얻는 실제 깨달음의 경험은 일상적인 의식의 바탕이 되는 자의식의 상실과 세상과의 일체감에 상응하는 감정이라는 두 가지 측면으로 성립된다. 오스틴 박사는 런던 지하철역에서 신비로운 경험을 한 후, 우리의 뇌는 이러한 사건을 머릿속에 흔적을 남기며, 명상이 존재하던 신경 기능들을 효과적으로 작동하게 만든다고 믿게 되었다. 또한 그는 신비로운 경험을 통해 더 큰 평온과 평정 같은 즉각적이고 영구적인 내면의 긍정적인 변화를 얻었다.

역사적으로 많은 종류의 명상이 융성했지만 대부분의 명상은 다음과 같은 네 가지 특징을 가지고 있다.

1 가능한 방해물이 없는 조용한 장소를 선택한다.

2 편안한 자세를 취한다. (앉거나 눕거나 걷는 것도 좋다.)

3 특별히 정한 단어나 문구, 이미지, 호흡의 감각 등을 통해 주의를 집중한다.

4 열리고 수용적인 태도를 가진다. 스쳐 지나가는 생각을 판단하거나 억제하지 않고 놓아준다.

다양한 방법을 시도하기보다 한 가지 방법을 꾸준히 연습할 때 가장 좋은 결과를 얻을 수 있다. 베트남 출신의 승려인 틱낫한 (Thich Nhat Hanh)이 "명상은 우리의 걱정과 두려움, 분노를 받아들일 수 있도록 도와준다. 이것이 바로 치유이다."라고 말한 것처럼 말이다. 당신도 꾸준히 하나의 방법을 정해 명상을 한다면 좋은 결과를 얻게 될 것이다. 호흡 명상을 통한 회복 역시 당신이 할 수 있는 비교적 쉬운 명상법이 되어줄 것이다.

호흡으로 회복하기

1 15분간 타이머를 설정해 놓고 편안한 자세로 앉아 눈을 감는다.

2 내쉬는 숨에 집중하고 코로 들이마신다.

3 호흡 패턴을 유지한다.

4 호흡을 얼마나 일정하게 내쉬는지 의식한다.

5 숨을 들이마실 때 공기에서 흡수하는 에너지를 느끼고 당신의 존재를 활력으로 채운다.

6 숨을 내쉴 때 몸의 긴장감이 모두 사라지며 상쾌해지는 기분을 느낀다.

7 타이머가 울리면 천천히 일어나 하루를 시작한다.

잠시 동안 명상의 시간을 가져보고
자신의 생각을 적어보세요.

명상하기

1. 가능한 방해물이 없는 조용한 장소를 선택한다.
2. 편안한 자세를 취한다.(앉거나 눕거나 걷는 것도 좋다.)
3. 특별히 정한 단어나 문구, 이미지, 호흡의 감각 등을 통해 주의를 집중한다.
4. 열리고 수용적인 태도를 가진다. 스쳐지나가는 생각을 판단하거나 억제하지 않고 놓아준다.

참고문헌

시작하며. 당신의 삶에 행복을 더하는 50가지 방법

Freud, Sigmund. Wit and Its Relation to the Unconscious. Translated by A. A. Brill. New York: Dover, 2011.

The English Standard Bible with Apocrypha, Book of Psalms, 118:24.
New York: Oxford University Press, 2009.

Ibid. Book of Proverbs, 17:22.

James, William. Principles of Psychology, Volume 1. Cambridge: Harvard University Press, 1981.

01 즉흥적인 행동 (Acting Improv)

Abele, Robert. "Alan Arkin, Totally in CONTROL." Los Angeles Times, June 19, 2008. Accessed July 18, 2015. http://articles.latimes.com/2008/jun/19/entertainment/et-arkin19.

Alter, Alexandra. "Two Protons Walk into a Black Hole, and Other Jokes Physicists Tell." Wall Street Journal, September 4, 2008. Accessed July 18, 2015. http://www.wsj.com/articles/SB122048206487796841.

Chandler, Barb. "Parallels between Improv Comedy and Therapy." Psych Central, January 30, 2013. Accessed July 27, 2015. http://psychcentral.com/lib/parallels-between-improv-comedy-and-therapy/.

"Improv Your Counseling." The website of University of the Rockies. Accessed July 12, 2015. http://www.rockies.edu/news/
detail.php?id=406.

Kelly, Kip. "Leadership Agility: Using Improv to Build Critical Skills." Presentation, UNC Kenan-Flagler Business School, 2012.

Louden, Kathleen. "Improv for Anxiety: A Stand-Up Therapeutic Tool?" Medscape, April 14, 2014. Accessed July 18, 2015. http://www
.medscape.com/viewarticle/823580.

02 어드밴처 스포츠 (Adventure Sports)

Garfield, Charles A., and Hal Z. Bennett. Peak Performance: Mental Training Techniques of the World's Greatest Athletes. New York: Warner, 1985.

Humberstone, Barbara. "Adventurous Activities, Embodiment and Nature: Spiritual, Sensual, and Sustainable? Embodying Environmental Justice." Motriz: Revista de Educação Física 19, no. 3 (2013): 565–571.

Jackson, Susan A., Patrick R. Thomas, Herbert W. Marsh, and Christopher J. Smethurst. "Relationships between Flow, Self-Concept, Psychological Skills, and Performance." Journal of Applied Sport Psychology 13, no. 2 (2001): 129–153.

Kerr, John H., and Susan Houge Mackenzie. "Multiple Motives for Participating in Adventure Sports." Psychology of Sport and Exercise 13, no. 5 (2012): 649–657.

Murphy, Michael, and Rhea White. In the Zone: Transcendent Experience in Sports. New York: Penguin, 1995.

Sheard, Michael, and Jim Golby. "The Efficiency of an Outdoor Adventure Education Curriculum on Selected Aspects of Positive Psychological Development." Journal of Experiential Education 29, no. 2 (2006): 187–209.

03 예술감상 (Art Appreciation)

Cuypers, Koenraad, et al. "Patterns of Receptive and Creative Cultural Activities and Their Association with Perceived Health, Anxiety, Depression and Satisfaction with Life among Adults: The HUNT Study, Norway." Journal of Epidemiology and Community Health 66, no. 8 (2012): 698–703.

Fujiwara, Daniel. "Museums and Happiness: The Value of Participating in Museums and the Arts." Presentation, Museum of East Anglian Life, April 2013.

Lieberman, E. James. Acts of Will: The Life and Work of Otto Rank. New York: Free Press, 1998.

Packer, Jan. "Visitors' Restorative Experiences in Museum and Botanic Garden Environments." In Tourist Experience and Fulfillment: Insights from Positive Psychology, edited by S. Filep and P. Pearce. New York: Routledge, 2014, 202–222.

Rank, Otto. Art and Artist. New York: Norton, 1989.

Rosenbloom, Stephanie. "The Art of Slowing Down in a Museum." New York Times, October 9, 2014. Accessed July 12, 2015. http://nyti.ms/1xu0de8.

Wilkinson, Rebecca A., and Gioia Chilton. "Positive Art Therapy: Linking Positive Psychology to Art Therapy Theory, Practice, and Research." Art Therapy 30, no. 1 (2013): 4–11.

04 진실성 (Authenticity)

Kernis, Michael H., and Brian M. Goldman. "From Thought and Experience to Behavior and Interpersonal Relationships: A Multicomponent Conceptualization of Authenticity." In On Building, Defending, and Regulating the Self: A Psychological Perspective, edited by A. Tesser, J. Wood, and D. Stapel. New York: Psychology Press, 2005, 31–52.

Kirschenbaum, Howard. The Life and Work of Carl Rogers. Washington, D.C: American Counseling Association, 2008.

Moustakas, Clark. The Self: Explorations in Personal Growth. New York: Colophon, 1975.

Rogers, Carl. On Becoming a Person. Boston: Houghton Mifflin, 1961.

Shakespeare, William. Hamlet. New York: Simon & Schuster, 1992.

Warner, C. Terry, and Terrance D. Olson. "Another View of Family Conflict and Family Wholeness." Family Relations 30, no. 4 (1981): 492–503.

Wood, Alex M., et al. "The Authentic Personality: A Theoretical and Empirical Conceptualization and the Development of the Authenticity Scale." Journal of Counseling Psychology 55, no. 3 (2008): 385–399.

05 경외감 (Awe)

Heschel, Abraham Joshua. God in Search of Man. New York: Farrar, Straus & Giroux, 1976.

Hoffman, Edward. The Right to be Human: A Biography of Abraham Maslow, 2nd edition. New York: McGraw-Hill, 1999.

James, William. The Varieties of Religious Experience. New York: Penguin, 1982.

Keltner, Dacher, and Jonathon Haidt. "Approaching Awe, a Moral, Spiritual, and Aesthetic Emotion." Cognition and Emotion 17, no. 2 (2003): 297–314.

Schneider, Kirk. Awakening to Awe. New York: Aronson, 2009.

_____. "Awe-Based Learning." Shift: At the Frontiers of Consciousness 8 (2005): 16–19.

06 조류 관찰 (Birding)

Bailey, Florence Merriam. Birds Through an Opera Glass. New York: Chautauqua Press, 1889.

Berger, Michele. "New USFWS Report: 46.7 Million People Call Themselves Bird Watchers." Audubon, August 23, 2012. Accessed July 15, 2015. http://www.audubon.org/news/new-usfws-report-467-million-people-call-themselves-birdwatchers.

Dickinson, Emily. A Spicing of Birds. Middletown, Conn.: Wesleyan University Press, 2004.

Dunlap, Thomas R. In the Field, Among the Feathered: A History of Birders and Their Guides. Oxford, UK: Oxford University Press, 2014.

Ratcliffe, Eleanor, Birgitta Gatersleben, and Paul T. Sowden. "Bird Sounds and Their Contributions to Perceived Attention Restoration and Stress Recovery." Journal of Environmental Psychology 36 (2013): 221–228.

07 단체 합창 (Community Singing)

Bailey, Betty A., and Jane W. Davidson. "Effects of Group Singing and Performance for Marginalized and Middle-Class Singers." Psychology of Music 33, no. 3 (2005): 269–303.

Clift, Stephen, and Grenville Hancox. "The Significance of Choral Singing for Sustaining Psychological Well-Being: Findings from a Survey of Choristers in England, Australia, and Germany." Music Performance Research 3, no. 1 (2010): 79–96.

Hoffman, Edward. The Drive for Self: Alfred Adler and the Founding of Individual Psychology. Reading, Mass.: Addison-Wesley, 1994.

Liebert, Georges, and David Pellauer. Nietzsche and Music. Chicago: University of Chicago, 2004.

Watanabe, Hideo. "Changing Adult Learning in Japan: The Shift from Traditional Singing to Karaoke." International Journal of Lifelong Education 24, no. 3 (2005): 257–267.

08 요리와 베이킹 (Cooking and Baking)

Csikszentmihalyi, Mihaly. Finding Flow: The Psychology of Engagement with Everyday Life. New York: Basic Books, 1997.

Csikszentmihalyi, Mihaly, and Judith LeFevre. "Optimal Experience in Work and Leisure." Journal of Personality and Social Psychology 56, no. 5 (1989): 815.

Essig, Todd. "Culinary Mindfulness: Something You Won't Hear About at TEDxManhattan." Forbes, February 2, 2013. Accessed July 16, 2015. http://www.forbes.com/sites/toddessig/2013/02/14/culinary-mindfulness-something-you-wont-hear-about-at-tedxmanhattan/.

Haley, Lesley, and Elizabeth Anne McKay. "'Baking Gives You Confidence': Users' Views of Engaging in the Occupation of Baking." British Journal of Occupational Therapy 67, no. 3 (2004): 125–128.

O'Neill, Molly. "The Zen of Cooking, or Joy When Time Allows." New York Times, October 27, 1993. Accessed July 16, 2015. http://www.nytimes.com/1993/10/27/garden/the-zen-of-cooking-or-joy-when-time-allows.html/.

Sager, Mike. "Julia Child: What I've Learned." Esquire, August 15, 2015. Accessed July 16, 2015. http://www.esquire.com/food-drink/interviews/a1273/julia-child-quotes-0601/.

09 창의성 (Creativity)

Guilford, J. P. "Creativity." American Psychologist 5 (1950): 444–454.

_____. The Nature of Human Intelligence. New York: McGraw-Hill, 1967.

Scott, Ginamarie, Lyle E. Leritz, and Michael D. Mumford. "The Effectiveness of Creativity Training: A Quantitative Review." Creativity Research Journal 16, no. 4 (2004): 361–388.

Simonton, Dean King. "Creativity." In Handbook of Positive Psychology, edited by C. R. Snyder and S. J. Lopez. New York: Oxford University Press, 2002, 189–201.

Wilson, Timothy D., et al. "Just Think: The Challenges of the Disengaged Mind." Science 345, no. 6192 (2014): 75–77.

Wolf, Gary. "Steve Jobs: The Next Insanely Great Thing." Wired, February 1996, http://archive.wired.com/wired/archive/4.02/jobs_pr.html.

10 호기심 (Curiosity)

Gruber, Matthias J., Bernard D. Gelman, and Charan Ranganath. "States of Curiosity Modulate Hippocampus-Dependent Learning via the Dopaminergic Circuit." Neuron 84, no. 2 (2014): 486–496.

Hoffman, Edward. The Book of Graduation Wisdom. Secaucus, N.J.: Citadel, 2003.

Kashdan, Todd B., et al. "Curiosity Protects against Interpersonal Aggression: Cross-Sectional, Daily Process, and Behavioral Evidence." Journal of Personality 81, no. 1 (2013): 87–102.

Kashdan, Todd B., Paul Rose, and Frank D. Fincham. "Curiosity and Exploration: Facilitating Positive Subjective Experiences and Personal Growth and Opportunities." Journal of Personality 82, no. 3 (2004): 291–305.

Keren, Robert. "Nobel Prize Winning Biologist Says Curiosity Drives Scientific Discovery." Middlebury, March 11, 2015. Last accessed July 27, 2015. http://www.middlebury.edu/newsroom/node/492464.

Wilson, Timothy D., et al. "Just Think: The Challenges of the Disengaged Mind." Science 345, no. 6192 (2014): 75–77.

11 춤 (Dancing)

"About Dance/Movement Therapy." The website of the ADTA. Accessed July 12, 2015. http://www.adta.org/About_DMT/.

"About the American Dance Therapy Association." The website of the ADTA. Accessed July 12, 2015. http://www.adta.org/about_adta/.

Devereaux, Christina. "Dance/Movement Therapy and Autism." Psychology Today, April 2, 2014. Accessed July 27, 2015. https://www.psychologytoday.com/blog/meaning-in-motion/201404/dancemovement-therapy-and-autism.

Hoffman, Edward. The Drive for Self: Alfred Adler and the Founding of Individual Psychology. Reading, Mass.: Addison-Wesley, 1994.

Murcia, Cynthia Quiroga, Stephan Bongard, and Gunter Kreutz. "Emotional and Neurohumoral Responses to Dancing Tango Argentino: The Effects of Music and Partner." Music and Medicine 1, no. 1 (2009): 14–21.

Murcia, Cynthia Quiroga, et al. "Shall We Dance? An Exploration of the Perceived Benefits of Dancing on Well-Being." Arts & Health 2, no. 2 (2010): 149–163.

Pinniger, Rosa, et al. "Argentine Tango Dance Compared to Mindfulness Meditation and a Waiting-List Control: A Randomised Trial for Treating Depression." Complementary Therapies in Medicine 20, no. 6 (2012): 377–384.

12 예술 활동 (Doing Art)

Friedman, Lawrence J. Identity's Architect: A Biography of Erik H. Erikson. New York: Scribner, 1999.

Jung, Carl. The Red Book. New York: W. W. Norton, 2009.

May, Rollo. Existential Psychology. New York: Crown Publishing Group/Random House, 1969.

_____. The Courage to Create. London: Collins, 1975.

_____.The Meaning of Anxiety. 1950. New York: W. W. Norton, 1977.

_____. My Quest for Beauty. San Francisco: Saybrook, 1985.

Muntz, Eugene. Michelangelo. New York: Parkstone Press International, 2005.

13 꿈 (Dreams)

Freud, Sigmund. The Interpretation of Dreams. Translated by James Strachey. New York: Basic Books, 1955.

Hoffman, Edward. The Way of Splendor: Jewish Mysticism and Modern Psychology. Lantham, Md.: Rowman & Littlefield, 2006.

_____. The Kabbalah Reader: A Sourcebook of Visionary Judaism. Boston: Shambhala, 2010.

14 공감 (Empathy)

Adler, Alfred. The Pattern of Life, edited by W. B. Wolfe. New York: Greenberg, 1930.

Alper, Robert. Thanks, I Needed That. Canton, Mich.: David Crumm Media, 2013.

Dawkins, Richard. The Selfish Gene. New York: Oxford University Press, 1990.

Rogers, Carl. "Experiences in Communication." Listening Way. Accessed July 21, 2015. http://www.listeningway.com/rogers2-eng.html.

Stern, Jessica A., Jessica L. Borelli, and Patricia A. Smiley. "Assessing Parental Empathy: A Role for Empathy in Child Attachment." Attachment & Human Development 17, no. 1 (2015): 1–22.

15 관점 바꾸기 (Explanatory Style)

Emerson, Ralph Waldo. "An Oration Delivered before the Literary Societies of Dartmouth College." Oration at the Literary Societies at Dartmouth College, N.H., July 24, 1838.

Hoffman, Malvina. Heads and Tales. Auguste Rodin quote. New York: Bonanza Books, 1936.

Peterson, Christopher, Martin E. P. Seligman, and George E. Vaillant. "Pessimistic Explanatory Style Is a Risk Factor for Physical Illness: A Thirty-Five-Year Longitudinal Study." Journal of Personality and Social Psychology 55, no. 1 (1988): 23.

Seligman, Martin E. P. Learned Optimism, 2nd ed. New York: Pocket Books, 1998.

_____. Authentic Happiness. New York: Free Press, 2002.

_____. Flourish: A Visionary New Understanding of Happiness and Well-Being. New York: Free Press, 2011.

16 표현적 글쓰기 (Expressive Writing)

Lyubomirsky, Sonja, Kennon M. Sheldon, and David Schkade. "Pursuing Happiness: The Architecture of Sustainable Change." Review of General Psychology 9, no. 2 (2005): 111.

_____. "Putting Stress into Words: Health, Linguistic, and Therapeutic Implications." Behavior Research and Therapy 31 (1993): 539–548.

Pennebaker, James W. Opening Up: The Healing Power of Expressing Emotions, rev. ed. New York: Guilford Press, 1997.

Pennebaker, James W., and Janel D. Seagal. "Forming a Story: The Health Benefits of Narrative." Journal of Clinical Psychology 55 (1999): 1243–1254.

Progoff, Ida. At a Journal Workshop, rev. ed. Los Angeles: J. P. Tarcher, 1992.

_____. Life-Study: Experiencing Creative Lives by the Intensive Journal Method. New York: Dialogue House, 1983.

Wilde, Oscar. The Importance of Being Earnest. Mineola, N.Y.: Dover Publications, 1990.

Woolf, Virginia. A Writer's Diary. Boston: Mariner Books, 2003.

17 몰입 (Flow)

Csikszentmihalyi, Mihaly. Flow: The Psychology of Optimal Experience. New York: Harper Perennial Modern Classics, 2008.

_____. The Pursuit of Happiness. Accessed July 21, 2015. http://www.pursuit-of-happiness.org/history-of-happiness/mihaly-csikszentmihalyi/.

Klee, Paul, and Felix Klee. The Diaries of Paul Klee, 1898–1918. Berkeley: University of California Press, 1964.

Robinson, Jon. "Kobe Bryant Interview." IGN, August 21, 2006, http://www.ign.com/articles/2006/08/21/kobe-bryant-interview.

18 용서 (Forgiveness)

Enright, Robert D. Forgiveness Is a Choice: A Step-by-Step Process for Resolving Anger and Restoring Hope. Washington, D.C.: American Psychological Association, 2001.

Friedberg, Jennifer P., Sonia Suchday, and V. S. Srinivas. "Relationship Between Forgiveness and Psychological and Physiological Indices in Cardiac Patients." International Journal of Behavioral Medicine 16, no. 3 (2009): 205–211.

Gandhi, Mahatma. "Interview to the Press." Young India. April 2, 1931.

King, Coretta Scott, and Martin Luther King III. The Words of Martin Luther King, Jr.: Second Edition. New York: William Morrow Paperbacks, 2001.

Lawler, Kathleen A., et al. "The Unique Effects of Forgiveness on Health: An Exploration of Pathways." Journal of Behavioral Medicine 28, no. 2 (2005): 157–167.

Matan, Kazimierz. "Who Was Paul Boese?" Answers.com. Accessed July 27, 2015. http://www.answers.com/Q/Who_was_Paul_Boese.

19 우정 (Friendship)

Adler, Alfred. Social Interest: A Challenge to Mankind. New York: Greenberg, 1938.

Aristotle. The Works of Aristotle, Vol. 9, Nicomachean Ethics, edited by W. D. Ross. Oxford, UK: Clarendon Press, 1908.

Hoffman, Edward. The Wisdom of Maimonides: The Life and Writings of the Jewish Sage. Boston: Shambhala/Trumpeter, 2009.

Surtees, Paul G., Nicholas W. J. Wainwright, and Kay-Tee Khaw. "Obesity, Confidant Support, and Functional Health: Cross-Sectional Evidence from the EPIC-Norfolk Cohort." International Journal of Obesity and Related Metabolic Disorders 28 (2004): 748–758.

20 정원 가꾸기 (Gardening)

Austen, Jane. Jane Austen's Letters, edited by Deirdre Le Faye. New York: Oxford University Press, 2014.

Ginzberg, Louis. Legends of the Bible. Philadelphia: Jewish Publication Society of America, 1975.

Hazen, Teresia. "Therapeutic Garden Characteristics." American Horticultural Therapy Association 41, no. 2 (2012).

Hoffman, Edward. The Right to Be Human: A Biography of Abraham Maslow, 2nd ed. New York: McGraw-Hill, 1999.

Hoffman, Edward, and David Castro-Blanco. "Horticultural Therapy with a Four-Year-Old Boy: A Case Report." Journal of Therapeutic Horticulture 10 (1988): 3–8.

Seligman, Martin E. P. Authentic Happiness: Using the New Positive Psychology to Realize Your Potential for Lasting Fulfillment. New York: Atria Books, 2004.

21. 가족 역사 찾기(Genealogy)

Drake, Pamela J. "Findings from the Fullerton Genealogy Study." Master's thesis, California State University, 2001.

Fischer, Peter, et al. "The Ancestor Effect: Thinking about Our Genetic Origin Enhances Intellectual Performance." European Journal of Social Psychology 41, no. 1 (2011): 11–16.

Fivush, Robyn, M. Duke, and J. G. Bohanek. "Do You Know…: The Power of Family History in Adolescent Identity and Well-Being." Journal of Family Life (2010): 748–769.

"The Poetry of Laurence Overmire." Home.comcast.net. Accessed July 21, 2015. http://home.comcast.net/~overmirepoetry/site/.

22 감사 (Gratitude)

Ginzberg, Louis. Legends of the Bible. Philadelphia: Jewish Publication Society of America, 1975.

Hoffman, Edward. The Right to Be Human: A Biography of Abraham Maslow, 2nd ed. New York: McGraw-Hill, 1999.

Seligman, Martin E. P., et al. "Positive Psychology Progress: Empirical Validation of Interventions." American Psychologist 60, no. 5 (2005): 410–421.

Tsang, Jo-Ann. "Gratitude and Prosocial Behaviour: An Experimental Test of Gratitude." Cognition & Emotion 20, no. 1 (2006): 138–148.

23 유머와 웃음 (Humor and Laughter)

Freud, Sigmund. Wit and Its Relation to the Unconscious. Translated by A. A. Brill. Mineola, N.Y.: Dover, 2011.

Hoffman, Edward. The Drive for Self: Alfred Adler and the Founding of Individual Psychology. Reading, Mass.: Addison-Wesley, 1994.

Martin, Rod A., et al. "Individual Differences in Uses of Humor and Their Relation to Psychological Well-Being: Development of the Humor Styles Questionnaire." Journal of Research in Personality 37, no. 1 (2003): 48–75.

24 친절 (Kindness)

Dalai Lama. A Policy of Kindness: An Anthology of Writings by and About the Dalai Lama, edited by Disney Piburn. Ithaca, N.Y.: Snow Lion, 1990.

Dalai Lama, with Howard Cutler. The Art of Happiness: A Handbook for Living. New York: Riverhead, 1998.

Layous, Kristin, et al. "Kindness Counts: Prompting Prosocial Behavior in Preadolescents Boosts Peer Acceptance and Well-Being." PLOS ONE 7, no. 12 (2012). http://journals.plos.org/plosone/article?id=10.1371/journal.pone.0051380.

Lyubomirsky, Sonja, and Lee Ross. "Hedonic Consequences of Social Comparison: A Contrast of Happy and Unhappy People." Journal of Personality and Social Psychology 73 (1997): 1141–1157.

Nolen-Hoeksema, Susan, Blair E. Wisco, and Sonja Lyubomirsky. "Rethinking Rumination." Perspectives on Psychological Science 3, no. 5 (2008): 400–424.

Otake, Keiko, et al. "Happy People Become Happier through Kindness: A Counting Kindness Intervention." Journal of Happiness Studies 7 (2006): 361–375.

Tsvetkova, Milena, and Michael W. Macy. "The Social Contagion of Generosity." PLOS ONE 9, no. 2 (2014): e87275.

25 뜨개질 (Knitting)

Geda, Yonas E., et al. "Engaging in Cognitive Activities, Aging, and Mild Cognitive Impairment: A Population-Based Study." Journal of Neuropsychiatry and Clinical Neurosciences 23, no. 2 (2011): 149–154.

Kaneshiro, Susan. Personal communication to author. May 14, 2015.

"Knitting Interview: Betsan Corkhill of Stitchlinks." Woman's Weekly. Accessed July 21, 2015. http://www.womansweekly.com/knitting-crochet/ knitting-interview-betsan-corkhill-of-stitchlinks.

Riley, Jill, Betsan Corkhill, and Clare Morris. "The Benefits of Knitting for Personal and Social Well-Being in Adulthood: Findings from an International Survey." British Journal of Occupational Therapy 76, no. 2 (2013): 50–57.

26 외국어 배우기 (Learning a Foreign Language)

Jaggi, Maya. "George and His Dragons." Guardian. Last modified March 17, 2001.

Keysar, Boaz, Sayuri L. Hayakawa, and Sun Gyu An. "The Foreign-Language Effect: Thinking in a Foreign Tongue Reduces Decision Biases." Psychological Science 23, no. 6 (2012): 661–668.

Mohn, Tanya. "Learning a New Language on Location." New York Times, May 9, 2012. Accessed July 27, 2015. http://www.nytimes .com/2012/05/10/business/retirementspecial/learning-a-new-language-on-location. html?_r=0.

27 삶의 은유 (Life Metaphors)

Hoffman, Edward. "Le Metafore della Vita." Psicologia Contemporanea, January 8, 2014, 6–11.

Hoffman, Edward, and Catalina Acosta-Orozco. "Life-Metaphors among Colombian Leadership Students: Core Values and Educational Implications." College Student Journal 49, no. 3 (2015): 438–446.

Hoffman, Edward, Catalina Acosto-Orozco, and William Compton. "Life-Metaphors among Colombian Medical Students: Uncovering Core Values and Educational Implications." College Student Journal 49, no. 3 (2015): 590–598.

Lakoff, George. Metaphors We Live By, 2nd ed. Chicago: University of Chicago Press, 2003.

28 멘토링 (Mentoring)

Erikson, Erik H. Childhood and Society. New York: W. W. Norton, 1950.

Erikson, Erik H., Joan M. Erikson, and Helen Q. Kivnick. Vital Involvement in Old Age. New York: W. W. Norton, 1986.

Goldin, Paul Rakita. Rituals of the Way: The Philosophy of Xunzi. Chicago: Open Court Press, 1999.

Jones, B. K., and D. P. McAdams. "Becoming Generative: Socializing Influences Recalled in Life Stories in Late Midlife." Journal of Adult Development 20, no. 3 (2013): 158–172.

Kotre, John. Outliving the Self: Generativity and the Interpretation of Lives. Baltimore: Johns Hopkins University Press, 1984.

McAdams, Dan P., and Ed de St. Aubin, eds. Generativity and Adult Development: How and Why We Care for the Next Generation. Washington, D.C.: American Psychological Association, 1998.

29 마음 챙김 (Mindfulness)

Benson, Herbert. The Relaxation Response. New York: Morrow, 1975.

Burpee, Leslie C., and Ellen J. Langer. "Mindfulness and Marital Satisfaction." Journal of Adult Development 12, no. 1 (2005): 43–51.

Doyle, Sir Arthur Conan. The Hound of the Baskervilles. North Charleston, S.C.: CreateSpace Independent Publishing Platform, 2014.

Feinberg, Cara. "The Mindfulness Chronicles: On 'The Psychology of Possibility.'" Harvard Magazine, September 2010. Accessed July 27, 2015. http://harvardmagazine. com/2010/09/the-mindfulness-chronicles.

Kabat-Zinn, Jon, Leslie Lipworth, and Robert Burney. "The Clinical Use of Mindfulness Meditation for the Self-Regulation of Chronic Pain." Journal of Behavioral Medicine 8 (1985): 163–190.

Langer, Ellen. Mindfulness. Reading, Mass.: Perseus, 1989.

Perls, Fritz, Ralph F. Hefferline, and Paul Goodman. Gestalt Therapy: Excitement and Growth in the Human Personality. New York: Dell, 1951.

Varela, Keosha. "Are You Living Mindfully or Mindlessly?" The Aspen Institute, July 30, 2014. Accessed July 27, 2015. http://www .aspeninstitute.org/about/blog/are-you-living-mindfully- or-mindlessly.

30 도덕적 고양 (Moral Elation)

Algoe, Sara B., and Jonathan Haidt. "Witnessing Excellence in Action: The 'Other- Praising' Emotions of Elevation, Gratitude, and Admiration." Journal of Positive Psychology 4, no. 2 (2009): 105–127.

Farsides, Tom, Danelle Pettman, and Louise Tourle. "Inspiring Altruism: Reflecting on the Personal Relevance of Emotionally Evocative Prosocial Media Characters." Journal of Applied Social Psychology 43, no. 1 (2013): 2251–2258.

Haidt, Jonathan. "The Positive Emotion of Elevation." Journal of Organizational Behavior 3, no. 3 (2000b).

Niemiec, Ryan M. Positive Psychology at the Movies: Using Films to Build Character Strengths and Well-Being. Boston: Hogrefe Publishing, 2013.

Schnall, Simone, Jean Roper, and Daniel M. T. Fessler. "Elevation Leads to Altruistic Behavior." Psychological Science 21, no. 3 (2010): 315–320.

31 노스탤지어 (Nostalgia)

Hirsch, Alan. "Nostalgia: A Neuropsychiatric Understanding." In Advances in Consumer Research 19, edited by John F. Sherry Jr. and Brian Sternthal. Provo, Utah.: Association of Consumer Research, 1992, 390–395.

Wildschut, Tim, Constantine Sedikides, Jamie Arndt, and Clay Routledge. "Nostalgia: Content, Triggers, Functions." Journal of Personality and Social Psychology 91, no. 5 (2006): 975.

Zhou, Xinyue, Constantine Sedikides, Tim Wildschut, and Ding-Guo Gao. "Counteracting Loneliness: On the Restorative Function of Nostalgia." Psychological Science 19, no. 10 (2008), 1023–1029.

32 후회 극복 (Overcoming Regrets)

Adams, Guy. "Steve Jobs' Final Wish: To Get to Know His Children before It Was Too Late." The Independent, October 8, 2015. Accessed July 27, 2015. http://www.independent.co.uk/news/world/americas/steve-jobs-final-wish-to-get-to-know-his-children-before-it-was-too-late-2367355.html.

Bauer, Isabelle, and Carsten Wrosch. "Making Up for Lost Opportunities: The Protective Role of Downward Social Comparisons for Coping with Regrets across Adulthood." Personality and Social Psychology Bulletin 37, no. 2 (2011): 215–228.

Mansfield, Katherine. The Collected Stories of Katherine Mansfield. Ware, UK: Wordsworth Editions, 2006.

Wrosch, Carsten, Isabelle Bauer, Gregory E. Miller, and Sonia Lupien. "Regret Intensity, Diurnal Cortisol Secretion, and Physical Health in Older Individuals: Evidence for Directional Effects and Protective Factors." Psychology and Aging 22, no. 2 (2007): 319.

Zhou, Xinyue, Constantine Sedikides, Tim Wildschut, and Ding-Guo Gao. "Counteracting Loneliness on the Restorative Function of Nostalgia." Psychological Science 19, no. 10 (2008): 1023–1029.

33 절정 체험 (Peak Experiences)

Hoffman, Edward. The Right to Be Human: A Biography of Abraham Maslow. New York: McGraw-Hill, 1999.

———. "Peak-Experiences in Japanese Youth." Japanese Journal of Humanistic Psychology 21, no. 1 (2003): 112–121.

Hoffman, Edward, et al. "Retrospective Peak-Experiences among Chinese Young Adults in Hong Kong." Journal of Humanistic Counseling 53, no. 1 (2014): 34–46.

Hoffman, Edward, and Fernando Oritz, "Youthful Peak Experiences in Cross-Cultural Perspective: Implications for Educators and Counselors." In The International Handbook for Education for Spirituality, Care & Well-Being, edited by L. Francis, D. Scott, M. de Souza, and J. Norman, 469-489. New York: Springer, 2009.

Maslow, Abraham H. "Cognition of Being in the Peak Experiences." Journal of Humanistic Psychology 1, no. 2 (1959): 1–11.

34 반려동물 (Pets)

"About Pet Partners." Pet Partners. Accessed July 2015. https://petpartners .org/about-us/

Butler, Robert A. "The Effect of Deprivation of Visual Incentives on Visual Exploration Motivation in Monkeys." Journal of Comparative and Psychological Psychology 50, no. 2 (1957): 177–179.

Hoffman, Jan. "The Science of Puppy-Dog Eyes." New York Times, April 16, 2015. Accessed July 27, 2015. http://nyti.ms/1FZVrwL.

Homer. The Odyssey. Translated by Robert Fagles. New York: Penguin, 2006.

"ISAAT History." International Society for Animal-Assisted Therapy. Accessed July 2015. http://aat-isaat.org/index.php?option= com_content&view=article&id=4&Itemid=5.

McConnell, Allen R., et al. "Friends with Benefits: On the Positive Consequences of Pet Ownership." Journal of Personality and Social Psychology 101, no. 6 (2011): 1239.

Morrison, Michelle L. "Health Benefits of Animal-Assisted Interventions." Complementary Health Practice Review 12, no. 1 (2007): 51–62.

35 사진 (Photography)

Kellock, Anne. "Through the Lens: Accessing Children's Voices in New Zealand on Well-Being." International Journal of Inclusive Education 15, no. 1 (2011): 41–55.

Kurtz, Jaime L., and Sonja Lyubomirsky. "Happiness Promotion: Using Mindful Photography to Increase Positive Emotion and Appreciation." In Activities for Teaching Positive Psychology: A Guide for Instructors, edited by Jeffrey J. Froh and Acacia C. Parks, 133–136. Washington, D.C.: American Psychological Association, 2013.

"Minor White." Lee Gallery. Accessed July 27, 2015. http://www.leegallery .com/minor-white/minor-white-biography.

"Minor White American Photographer." Anne Darling Photography. Accessed July 27, 2015. http://www.annedarlingphotography.com /minor-white.html.

Nic Gabhainn, Saoirse, and Jane Sixsmith. "Children Photographing Well-Being: Facilitating Participation in Research." Children & Society 20, no. 4 (2006): 249–259.

"Thank You." International Conference on Photography and Therapeutic Photography. Accessed July 27, 2015. http://congress.utu.fi /phototherapy08/.

Weiser, Judy. Phototherapy Techniques: Exploring the Secrets of Personal Snapshots and Family Albums, 2nd ed. Vancouver, B.C.: PhotoTherapy Centre Press, 1999.

White, Minor. "The Camera Mind and Eye." In Photographers on Photography, edited by Nathan Lyons. Englewood Cliffs, N.J.: Prentice Hall, 1966.

36 시 (Poetry)

Boone, Beth C., and Linda G. Castillo. "The Use of Poetry Therapy with Domestic Violence Counselors Experiencing Secondary Posttraumatic Stress Disorder Symptoms." Journal of Poetry Therapy 21, no. 1 (2008): 3–14.

Brillantes-Evangelista, Grace. "An Evaluation of Visual Arts and Poetry as Therapeutic Interventions with Abused Adolescents." Arts in Psychotherapy 40, no. 1 (2013): 71–84.

Croom, Adam M. "The Practice of Poetry and the Psychology of Well-Being." Journal of Poetry Therapy 28, no. 1 (2015): 21–41.

Heimes, Silke. "State of Poetry Therapy Research (Review)." Arts in Psychotherapy 38, no. 1 (2011): 1–8.

Shelley, Percy Bysshe. "A Defence of Poetry." In English Essays: Sidney to Macaulay. The Harvard Classics. 1909–14, edited by Charles Eliot. Indianapolis: Collier, 1909.

Trethewey, Natasha. "Necessary Utterance: On Poetry as a Cultural Force." Virginia Quarterly Review 90, no. 1 (2014): 54–61.

37 낮잠의 힘 (Power Napping)

Alleyne, Richard. "AAAS: A Nap After Lunch Boosts the Brain's Learning Capacity." Telegraph, February 21, 2010. Accessed July 27, 2015. http://www.telegraph.co.uk/news/health/news/7285527/AAAS-A-nap-after-lunch-boosts-the-brains-learning-capacity.html.

Anwar, Yasmin. "An Afternoon Nap Markedly Boosts the Brain's Learning Capacity." Berkeley News, February 22, 2010. Accessed August 22, 2015. http://news.berkeley. edu/2010/02/22/naps_boost_learning_capacity.

Delo, Cotton. "Why Companies Are Cozying Up to Napping at Work." Fortune, August 18, 2011. Accessed July 27, 2015. http://fortune .com/2011/08/18/why-companies-are-cozying-up-to-napping-at-work.

Desai, Alap Naik. "Albert Einstein, among Other Great Minds, Proved the Efficacy of Micro-Naps." Inquisitor. Accessed July 27, 2015. http://www.inquisitr.com/1754670/ albert-einstein-among-other-great-minds-proved-the-efficacy-of-micro-naps.

Gómez, Rebecca L., Richard R. Bootzin, and Lynn Nadel. "Naps Promote Abstraction in Language-Learning Infants." Psychological Science 17, no. 8 (2006): 670–674.

McKay, Brett, and Kate McKay. "The Napping Habits of 8 Famous Men." The Art of Manliness, March 14, 2011. Accessed July 27, 2015. http://www.artofmanliness. com/2011/03/14/the-napping-habits-of-8-famous-men.

Tietzel, Amber J. "The Recuperative Value of Brief and Ultra-Brief Naps on Alertness and Cognitive Performance." Journal of Sleep Research 11, no. 3 (2002): 213–18.

38 기도 (Prayer)

James, William. The Varieties of Religious Experience. New York: Penguin, 1982.

Lambert, Nathaniel M., et al. "Motivating Change in Relationships: Can Prayer Increase Forgiveness?" Psychological Science 21, no. 1 (2010): 126.

Singer, Isaac Bashevis, and Richard Burgin. Conversations with Isaac Bashevis Singer. New York: Farrar, Straus & Giroux, 1978.

Whittington, Brandon L., and Steven J. Scher. "Prayer and Subjective Well-Being: An Examination of Six Different Types of Prayer." International Journal for the Psychology of Religion 20, no. 1 (2010): 59–68.

39 자연이 주는 회복력 (Restorative Nature)

Berman, Marc G., John Jonides, and Stephen Kaplan. "The Cognitive Benefits of Interacting with Nature." Psychological Science 19, no. 12 (2008): 1207–1212.

Berto, Rita. "The Role of Nature in Coping with Psycho-Physiological Stress: A Literature Review on Restorativeness." Behavioral Sciences 4, no. 4 (2014): 394–409.

Hartig, David. Personal communication to author. March 15, 2015.

Hartig, Terry, Richard Mitchell, Sjerp De Vries, and Howard Frumkin. "Nature and Health." Annual Review of Public Health 35 (2014): 207–228.

Keniger, Lucy E., Kevin J. Gaston, Katherine N. Irvine, and Richard A. Fuller. "What Are the Benefits of Interacting with Nature?" International Journal of Environmental Research and Public Health 10, no. 3 (2013): 913–935.

Muir, John. The Yosemite. North Charleston, S.C.: CreateSpace Independent Publishing Platform, 2014.

40 향유 (Savoring)

Harrar, Sari. "How to Double Your Happiness." Prevention, May 3, 2013. Accessed July 27, 2015. http://www.prevention.com/mind-body/emotional-health/double-your-happiness-through-savoring.

Hurley, Daniel B., and Paul Kwon. "Results of a Study to Increase Savoring the Moment: Differential Impact on Positive and Negative Outcomes." Journal of Happiness Studies 13, no. 4 (2012): 579–588.

Jose, Paul E., Bee T. Lim, and Fred B. Bryant. "Does Savoring Increase Happiness? A Daily Diary Study." Journal of Positive Psychology 7, no. 3 (2012): 176–187.

41 나에게 관대해지기 (Self-Compassion)

Phillips, Wendy J., and Susan J. Ferguson. "Self-Compassion: A Resource for Positive Aging." Journals of Gerontology Series B: Psychological Sciences and Social Sciences 68, no. 4 (2013): 529–539.

Van Nuys, David. "An Interview with Kristin Neff, PhD, on Self-Compassion." The website of Emergence Health Network. Accessed July 27, 2015. http://www.info.emergencehealthnetwork.org/poc/view_doc.php?type=doc&id=43061.

42 나를 드러내기 (Self-Disclosure)

Antill, John K., and Sandra Cotton. "Self Disclosure between Husbands and Wives: Its Relationship to Sex Roles and Marital Happiness." Australian Journal of Psychology 39, no. 1 (1987): 11–24.

Austen, Jane. Pride and Prejudice. North Charleston, S.C.: CreateSpace Independent Publishing Platform, 2014.

Horenstein, Veronica Diaz-Peralta, and Jerrold L. Downey. "A Cross-Cultural Investigation of Self-Disclosure." North American Journal of Psychology 5, no. 3 (2003): 373–386.

Jourard, Sidney. "Healthy Personality and Self-Disclosure." Mental Hygiene 43 no. 4 (1959): 499–507.

Schwartz, Audrey L., Renée V. Galliher, and Melanie M. Domenech Rodríguez. "Self-Disclosure in Latinos' Intercultural and Intracultural Friendships and Acquaintanceships: Links with Collectivism, Ethnic Identity, and Acculturation." Cultural Diversity and Ethnic Minority Psychology 17, no. 1 (2011): 116.

Trepte, Sabine, and Leonard Reinecke. "The Reciprocal Effects of Social Network Site Use and the Disposition for Self-Disclosure: A Longitudinal Study." Computers in Human Behavior 29, no. 3 (2013): 1102–1112.

43 경이로움 (Sense of Wonder)

Einstein, Albert. "Letter of 1950." New York Times, March 29, 1972.

_____. Einstein on Cosmic Religion and Other Opinions and Aphorisms. Mineola N.Y.: Dover Publications, 2009.

Hartwell, David G. Age of Wonders: Exploring the World of Science Fiction. New York: Tor Books, 1996.

Maslow, Abraham. Farther Reaches of Human Nature. New York: Viking, 1971.

Stolberg, Tonie L. "W(h)ither the Sense of Wonder of Pre-Service Primary Teachers when Teaching Science? A Preliminary Study of Their Personal Experiences." Teaching and Teacher Education 24, no. 8 (2008): 1958–1964.

Wordsworth, William. The Collected Poems of William Wordsworth (Wordsworth Poetry Library). Ware, UK: Wordsworth Editions Ltd., 1998.

44 태극권 (Tai Chi)

Callahan, Leigh, et al. "Evaluation of Tai Chi Effectiveness for People with Arthritis." Arthritis & Rheumatism 62, (2010).

"Tai Chi: An Introduction." National Center for Complementary and Integrative Health.com, August 2010. Last accessed July 27, 2015. https://nccih.nih.gov/health/taichi/introduction.htm.

Wang, Chenchen, et al. "Tai Chi on Psychological Well-Being: Systematic Review and Meta-Analysis." BMC Complementary and Alternative Medicine 10, no. 1 (2010): 23.

Wise, R. A. Wise Quotes of Wisdom: A Lifetime Collection of Quotes, Sayings, Philosophies, Viewpoints, and Thoughts. Bloomington, Ind.: AuthorHouse, 2011.

45 기쁨의 눈물 (Tears of Joy)

Hoffman, Edward, and Alison Tran. "Tears of Joy: The Impact on Resilience and Health." Paper presentation, Society for Behavioral Medicine, 35th Annual Meeting & Scientific Sessions. Philadelphia, 2014.

Hoffman, Edward, Alison Tran, and Jenniffer González-Mujica. "Tears of Joy: A Cross-Cultural Comparison." Unpublished manuscript, 2015.

Hoffman, Edward, Neeta Relwani Garg, and Jenniffer González-Mujica. "Tears of Joy in India." Indian Journal of Positive Psychology 4, no. 2 (2013): 212–217.

Poe, Edgar Allan. "The Poetic Principle." In The Harvard Classics. 1909–14, edited by Charles Eliot. Indianapolis: Collier, 1909.

46 풍족한 시간 (Time Affluence)

Elkind, David. The Hurried Child: Growing Up Too Fast Too Soon. Reading, Mass.: Addison-Wesley, 1990.

Kasser, Tim. Personal communication to author. March 16, 2015.

Kasser, Tim, and Kennon M. Sheldon. "Time Affluence as a Path toward Personal Happiness and Ethical Business Practice: Empirical Evidence from Four Studies." Journal of Business Ethics 84, no. 2 (2009): 243–255.

Mogilner, Cassie. "You'll Feel Less Rushed if You Give Time Away." Harvard Business Review 90, no. 9 (2012): 28–29.

Mogilner, Cassie, Zoë Chance, and Michael I. Norton. "Giving Time Gives You Time." Psychological Science 23, no. 10 (2012): 1233–1238.

Perlow, Leslie A. "The Time Famine: Toward a Sociology of Work Time," Administrative Science Quarterly 44, no. 1 (1999): 57–81.

Schor, Juliet. The Overworked American: The Unexpected Decline of Leisure. New York: Basic Books, 1993.

Tolkien, J. R. R. The Fellowship of the Ring: Being the First Part of the Lord of the Rings. New York: Houghton Mifflin Harcourt, 2012.

47 여행 (Travel)

Filep, Sebastian. "Flow, Sightseeing, Satisfaction, and Personal Development: Exploring Relationships via Positive Psychology." In: Proceedings of the 17th Annual CAUTHE Conference (2007).

Filep, Sebastian, and Philip Pearce. "A Blueprint for Tourist Experience and Fulfillment Research." Tourist Experience and Fulfillment: Insights from Positive Psychology 31 (2013): 223–232.

Jia, Lile, Edward R. Hirt, and Samuel C. Karpen. "Lessons from a Faraway Land: The Effect of Spatial Distance on Creative Cognition." Journal of Experimental Social Psychology 45, no. 5 (2009): 1127–1131.

Maddux, William W., and Adam D. Galinsky. "Cultural Borders and Mental Barriers: The Relationship between Living Abroad and Creativity." Journal of Personality and Social Psychology 96, no. 5 (2009): 1047.

Tadmor, Carmit T., Adam D. Galinsky, and William W. Maddux. "Getting the Most Out of Living Abroad: Biculturalism and Integrative Complexity as Key Drivers of Creative and Professional Success." Journal of Personality and Social Psychology 103, no. 3 (2012): 520.

Twain, Mark. The Innocents Abroad. London: Wordsworth Editions, 2010.

48 봉사활동 (Volunteering)

Atkins, Robert, Daniel Hart, and Thomas M. Donnelly. "The Association of Childhood Personality Type with Volunteering During Adolescence." Merrill-Palmer Quarterly 51, no. 2 (April 2005): 145–162.

Binder, Martin, and Andreas Freytag. "Volunteering, Subjective Well-Being, and Public Policy." Journal of Economic Psychology 34 (2013): 97–119.

Kennedy, John F. Inaugural Address, United States Capitol, Washington, D.C., January 20, 1961.

Kuperminc, Gabriel P., Phyllis T. Holditch, and Joseph P. Allen. "Volunteering and Community Service in Adolescence." Adolescent Medicine 12, no. 3 (October 2001): 445–457.

Morrow-Howell, Nancy, et al. "Effects of Volunteering on the Well-Being of Older Adults." The Journals of Gerontology Series B: Psychological Sciences and Social Sciences 58, no. 3 (2003): S137–S145.

Schreier, Hannah M. C., Kimberly A. Schonert-Reichl, and Edith Chen. "Effect of Volunteering on Risk Factors for Cardiovascular Disease in Adolescents: A Randomized Controlled Trial." JAMA Pediatrics 167, no. 4 (2013): 327–332.

Thoits, Peggy A., and Lyndi N. Hewitt. "Volunteer Work and Well-Being." Journal of Health and Social Behavior 42 (June 2001): 115–131.

49 지혜 (Wisdom)

Ardelt, Monika. "Wisdom and Life Satisfaction in Old Age." Journals of Gerontology Series B: Psychological Sciences and Social Sciences 52, no. 1 (1997): 15–27.

Baltes, Paul B., and Ursula M. Staudinger. "Wisdom: A Metaheuristic (Pragmatic) to Orchestrate Mind and Virtue toward Excellence." American Psychologist 55, no. 1 (2000): 122.

Duane, Daniel. "The Socratic Shrink." New York Times, March 21, 2004. Accessed July 27, 2015. http://www.nytimes.com/2004/03/21/magazine/the-socratic-shrink.html.

Grossmann, Igor, et al. "A Route to Well-Being: Intelligence versus Wise Reasoning." Journal of Experimental Psychology: General 142, no. 3 (2013): 944–953.

Wright, Robert. "Does Wisdom Bring Happiness (or Vice Versa)?" Atlantic, August 9, 2012. Accessed July 27, 2015. http://www.theatlantic.com/health/archive/2012/08/does-wisdom-bring-happiness-or-vice-versa/260949/.

50 나를 찾는 명상 (Zen Meditation)

Austin, James H. Zen and the Brain: Toward an Understanding of Meditation and Consciousness. Cambridge, Mass.: MIT Press, 1998.

_____. Zen-Brain Reflections. Cambridge, Mass.: MIT Press, 2006.

_____. Selfless Insight: Zen and the Meditative Transformation of Consciousness. Cambridge, Mass.: MIT Press, 2009.

Schnall, Marianne. "Exclusive Interview with Zen Master Thich Nhat Hanh." Huffington Post, May 21, 2010. Accessed July 27, 2015. http://www.huffingtonpost.com/marianne-schnall/beliefs-buddhism-exclusiv_b_577541.html.